DOUGH

Simple Contemporary Bread

DOUGH
パン生地

パンの焼き方は大切、
それ以上にシンプルなパン生地が
決め手!!

リチャード・バーティネット 著

千代 美樹 訳

ガイアブックスは
地球の自然環境を守ると同時に
心と身体の自然を保つべく
"ナチュラルライフ"を提唱していきます。

First published in Great Britain in 2005 by
Kyle Cathie Limited
122 Arlington Road, London NW1 7HP
www.kylecathie.com

Richard Bertinet is hereby identified as the author of this work in accordance with
Section 77 of the Copyright, Designs & Patents Act 1988.

All rights reserved. No reproduction, copy or transmission of this publication may be
made without written permission. No paragraph of this publication may be reproduced,
copied or transmitted, save with written permission or in accordance with the provision
of the Copyright Act 1956 (as amended). Any person who does any unauthorised act
in relation to this publication may be liable to criminal prosecution and civil damages.

Text copyright © 2005 by Richard Bertinet
Photographs copyright © 2005 by Jean Cazals
Text layouts copyright © 2005 by Kyle Cathie Limited

Copy editor: Sophie Allen
Design: Susanna Cook and Anju Katharia at Allies
Indexer: Alex Corrin

目次

- はじめに 6
- パン作りの道具 10
- パンの材料 12
- パン作りを語る言葉 14
- 生地 20

1章　白い生地 32
- フーガス 36
- パフボール 40
- ひとくちパン 44
- レイヤードロール 46
- レモンロール 47
- ごまとアニスのスティックパン 48
- オリーブとハーブとペコリーノのスティックパン 50
- モロッコ風スパイシーロール 52
- バゲット（バリエーション：エピ） 54
- グリュイエールチーズとクミンのパン 58
- パン・ファソン・ボーケール 60
- サフランロール 62
- パン・ド・ミー 64
- サマープディング 66

2章　オリーブの生地 68
- 岩塩とローズマリーのフォカッチャ
  （バリエーション：ペストとオリーブとペパーデューの
  フォカッチャ） 72
- トマトとにんにくとバジルのパン 74
- スープボウル 78
- パルメザンとパルマハムと松の実のパン 80
- フラットブレッド 82
- ピザ 84
- パンチェッタとミックスオリーブのパン ..86
- チャバッタ 88

3章　茶色い生地 92
- アプリコットとオートミールのパン 96
- はちみつとラベンダーのパン 98
- カルダモンとプルーンのパン 100
- わかめパン 102
- ごまの三つ編みパン 104
- ブラウンロール 105
- けしの実の星形パン 106
- 雑穀パン 108
- レーズンとヘーゼルナッツとエシャロットのパン ..110
- ピーカンナッツとクランベリーのパン ..112
- 全粒粉100%のパン 114

4章　ライ麦の生地 116
- くるみパン 120
- オリーブパン 122
- ライ麦とキャラウェイとレーズンのパン 124
- スモークベーコンと紫玉ねぎのパン ...126
- サマセットシードルのパン 128
- アニスとギネスのパン 130
- パン・ド・カンパーニュ 132
- ライ麦パン 134

5章　甘い生地 136
- オレンジとミントのパン 140
- パンとバターのプディング、マーマレード風味 142
- ジャックのチョコパン 144
- ドーナツ 146
- アプリコットとアーモンドのタルト 148
- ベーコン乗せスライス 150
- フルーツ入りティーローフ 152
- パン・ヴィエノワ 154
- スコーン 156

追加レシピ 158

本書で使用している道具・材料の販売元 158
索引 158

はじめに

Companion
一緒にパンを分け合う間柄の人。転じて「仲間」のこと

はじめに 7

　私は人生の大半をパン職人として過ごしてきました。パンは子どものころから大好きでした。そんな私でも、パン作りが人に与える感動の大きさを本当に理解したのは、教室で教える立場になってからのことでした。小麦粉と酵母と水と少しの塩で何ができるかを初めて知ると、ほぼ例外なく誰もが大きな喜びと達成感に包まれるのです。パン作りはそれほど面倒なことでも難しいことでもありません。もちろん才能がなければできないことでもありません。誰もが楽しめることです。この本はパン作りをみなさんの生活の一部にしていただきたくて書きました。パン作りの化学を掘り下げるつもりも、粉の種類別の特性を分析するつもりもありません。特殊な道具や複雑なテクニックを挙げ連ねてみなさんのやる気をくじくつもりもありません。

　要するに車の運転と同じです。車の運転をするのにエンジンの構造を知らなくてもいいように、おいしいパンを焼くのに難しい理屈はいらないのです。この本に載せたパンは、私が家族や友人のために、自宅で家庭用のオーブンを使って、しかも途中で幼い2人の息子に邪魔されたりしながら、日常的に焼いているものばかりです。また、私が普段教室で教えているパンでもあります。教室でパンが焼き上がり、パンと上質のチーズやハムやワインの前に座り、みなさんと一緒にリラックスして達成感を味わう時間が私は大好きです。そして何より嬉しいのは、教室で覚えたパンをもう一度家で焼いてみたという話や、家でもパン作りを楽しんだという話をみなさんから聞かせてもらえることです。

　この本を書いた理由はもう1つあります。それは最近、食品の質や安全性に対する関心が高まっており、食品に含まれる添加物や脂肪や糖分や塩分を気にする人、体重増加を気にする人が増えているからです。私たちが口にするものの多くは工場で大規模に生産されており、そうした食品の原材料や製造者、製造工程のリストはあまりに長く複雑です。そのため、人びとは最近、もっと小規模に丁寧な仕事をする生産者に目を向けるようになってきています。昔ながらのシンプルな方法で作られた追跡可能（トレーサブル）な食品のほうが、大量生産の食品よりずっと信頼できると感じるからでしょう。だとすれば、自宅のキッチンで、自分で選んだ上質の材料を使い、自分の手で焼いたパンほど信頼できるものがほかにあるでしょうか？　私はイギリスの大きなパン工場を初めて訪問したときのショックを忘れることができません。膨大な量の生地がありとあらゆる「改良剤」や添加物の力を借りて、あっという間に混ぜ上げられていました。あれは信じられない光景、私がそれまでに培ったパンの知識を総動員しても、どうにも理解できない光景でした。

　私が最初にパンに恋をしたのはかなり幼いころのことです。おじがパリで大きなパン屋を営んでおり、母も一時期そこで働いていたのがきっかけでした。ブルターニュの自宅近くのパン屋も大好きで、学校が休みになるとそこへ行っては、つま先立ちになってカウンターの奥を覗き込み、粉まみれになって働く人たちを見つめていました。パンが巨大なオーブンから取り出されると、温かい酵母の香りにうっとりしたものです。12、3歳のころには、おとなになったら何になりたいかと聞かれると、「パン屋になりたい」と答えるようになっていました。親戚がパン屋をしているという友だちが、ひと朝そこで一緒に働いてみないかと誘ってくれたこともありました。前夜は友だちと2人でそこの2階に泊ったのですが、興奮して眠れず、夜中に1人でこっそり下に降りていった記憶があります。

それほどパンに夢中だった私は、少しでも早く修業を始めたくて、やがて2週間学校へ通い、次の2週間と毎週末はパン工房で過ごすという生活を始めました。フランスのパン工房は厳しい職場ですが、魔法が起こる場でもあります。そこには今も懐かしい特別の瞬間がありました。午前4時ごろ、オーブンから焼けたものが取り出されると、しんとした中をパンの「歌」が聞こえてくるのです。それは大きなパンの外皮が冷めて割れる音でした。みなさんもパンを焼いたときはぜひ、この音に耳を傾けてください。歌が聞こえたら、素晴らしい外皮ができた証拠です。フランス人は一般に家庭でパンを焼きません。毎日焼きたてのパンを買いにいくのが昔からの習慣だからです。フランスではあらゆる機会にパンが登場します。朝食にフィセル、昼食にバゲット、クロックムッシュ作りにパン・ド・ミー、大きくて保存の効くパン・ド・カンパーニュやサワー種のパン……。食事時にテーブルにパンがなかったら、それはフランス人にとって一大悲劇なのです。

一方、イギリスには家庭でパンを焼く習慣があると聞いていました。ところが私がイギリスへやってきた1988年には、すでにパンを手作りする人はほとんどいませんでした。しかもショックだったことに、パン作りの習慣が失われたのは、街角に素敵なパン屋が増えたからではなく、スライスされた白いローフ（いわゆる「食パン」）が食事の主流になったからでした。イギリスでは現在200種類を超えるパンが流通しており、毎日大型ローフ900万個相当のパンが売れていますが、その80パーセントがスライスされて袋詰めされたパンなのです。イギリスで大量生産されているパンのほとんどは、1961年に英国製パン業研究協会が開発した「チョーリーウッド製パン法」で製造されています。これはパンの価格を下げることに目的を絞って開発された製法で、生地を数分で仕上げるために高速のミキサーを使います。また、この製法では、コスト削減のために品質の必ずしも高くない小麦粉に大量の水を混ぜるので、小麦粉に事前に「改良剤」を混ぜておかなければなりません。さらに、生地を柔らかくし、かさを増し、日持ちをよくするために、乳化剤、保存料、脂肪、抗菌剤、酵素などの本来はパンに必要のない材料もいろいろ加えています。イギリスには毎日パンを買いにいく習慣がないので、1週間ほど棚の中で劣化せずに「新鮮」さを保つことが、大量生産のパンに求められる重要な特徴なのでしょう。しかし、この「新鮮」という言葉は、私が考える新鮮とは意味が違います。

大量生産の食パンが価値を発揮する状況もないわけではありません。たとえば釣りに行くときに魚の餌として持っていくにはいいでしょう。二日酔いの朝にベーコンサンドを作るときも便利かもしれません。けれども、パンは自分で作ればすべての決定権は自分にあるのですから、材料を不安に思うことはありません。では、パン作りに本当に必要な材料とは何でしょう？　それは小麦粉、酵母、水、塩……たったそれだけです。改良剤も酵素も安定剤も乳化剤も保存料も必要ありません。自然で純粋なパンの作り方を知っている人なら、大工場でのパン製造に疑問を持つはずです。なぜパンに化学薬品一式を混ぜ込む必要があるのかと。熟練したパン職人なら、添加物など使わなくとも一度に大量のパンを作ることができます。ただ、そうした職人に仕事を続けて

もらうためには、多少値が張っても安全なパンが食べたいと思う人が大勢いなければなりません。要するに問題は価格と技術です。かつてはたくさんいたパン職人たちは、いったいどこへ消えてしまったのでしょう？

　しかし、ありがたいことに、パン職人は最近また増え始めているようです。人びとも職人の作る上質のパンに投資する価値を理解し始めています。イギリス人もやっと（しかし加速度的に！）パンに本気で関心を持ち始めたという感じです。私が最初にこの国にやってきたときは、レストランでのパンの扱いに唖然としたものです。パンは食前にほとんどカナッペのような形で出され、続く食事とは無関係なもののように早々に片付けられてしまうものだったからです。しかし、この10-15年の間に人びとの食に対する考え方は大きく変わりました。パンはそんな変化の中で最初は見過ごされていましたが、しだいにシェフたちがレストランでのパンの出し方に工夫を凝らすようになり、客が席についたらすぐに、風味や形や食感のさまざまなパンを運んでいくスタイルも登場しました。そしてシェフたちは、そうしたサービスがただちに店の温かい雰囲気や続く料理への期待につながることに気づき始めたのです。また、イギリスでもカフェ文化が成長するにつれ、クロワッサンやブリオッシュなどの甘い生地のパンにも人気が集まるようになりました。

　レストランで起こることは、もちろん家庭での料理のあり方にも影響します。私はやがて、パンを焼いてみたいと思う人が増えたことに気づきました。ただ、パン作りは難しすぎる、あるいは時間がかかりすぎるという思い込みや、普段することではなく特別の機会にすることだという思い込みが、家庭でのパン作りを阻んでいたことも確かです。私はそんな状況の中で教室を始めました。教室にはさまざまな人がやってきました。パン作りはまったく初めてという人もいれば、過去に挑戦したけれど、煉瓦みたいに固いパンができて幻滅し、もう二度と作ることはないと思っていたという人もいました。私は当初、これほどたくさんの人が来てくれることは期待していなかったし、人に教える仕事が自分にとってこれほど大きな喜びになるとは思っていませんでした。初めて焼いたパンがオーブンから出てきたときのみなさんの表情は、何度見ても飽きません。素敵なパンを自分の手で、思ったほどの苦労もなく作ることができたという事実に、みなさん本当に驚いているのです。

　パン作りが好きな人と料理が好きな人はタイプが違うとよく言われます。しかし、パン職人としても料理人としても働いたことがある私は、パン作りと料理の間に明確な境界があるとは思っていません。私にとって、パンを焼くことは食事の準備の一環なのです（ちなみに、料理してキッチンが温かくなっているときはパン生地を作る絶好のタイミングです）。パンのないディナーなんて私には想像できません。できることなら、もっと大勢のシェフたちにオリジナルのパン作りに挑戦してほしいと思っています。私は外食をするたびに、また、食材の組み合わせについてシェフと話をするたびに、「これに合うのはどんなパンだろう？」とか、（パンは風味の自然な運び手ですから）「これをパンに入れたらどうなるだろう？」と考えている自分に気づきます。

　みなさんもパンを焼くのが習慣になったら、半焼きにした生地をいつも冷凍庫に入れておくことをお勧めします。半焼きの生地があると、オーブンで軽く仕上げるだけでいつでも焼きたてのパンを食べることができるからです。友だちが急に訪ねてきて夕食をご馳走することになったとき、子どもが学校から帰ってきてお腹がすいたと言ったとき、すぐに焼きたての手作りフーガスやスティックパンやロールパンを出すことができたらどんなに素敵でしょう。そんなご自分の姿を想像してください。

パン作りの道具

手 高価な必須の道具を列挙したパン作りの本は、読者のやる気をくじいてしまうと思います。でもじつのところ、もっとも価値ある道具は自分の両手なのです。パン作りで何より大事なのは、とにかく生地に「触れて感じる」ことなのですから。

ベーキングストーン 昔ながらのパン屋では、パンを(「木製ピール」という板を使って)オーブンの熱い煉瓦の床面に乗せるので、パンはすぐに下から焼け始めます(フライパンを熱くしてからステーキを入れるのと考え方は同じです)。家庭でもこれに近い方法をとるには、オーブンにベーキングストーンを入れておき、それを熱くしてからパンを入れるようにするといいでしょう。私も花崗岩をベーキングストーンとして使っています(高額の出費は必ずしも必要ありません。私のは廃品置き場で拾ってきたものですが、完璧な仕事をしてくれます)。朝、ベーキングストーンを入れた状態でオーブンのスイッチをつけておくと、パンを焼くころにはベーキングストーンが完璧に熱くなっているので、私はいつもその上に、木製ピールか平らなベーキングトレイからパンを滑らせて乗せています。ベーキングストーンがなければ、厚手のベーキングトレイを逆さにして(縁なしの平らな状態にして)代用するといいでしょう。

秤（はかり） パン作りでは正確な計量が大切です。ですから私は液体を含むすべての材料をデジタル秤で計っています。デジタル秤を使うと、計量カップを使って液体面の高さを目で見るより正確に計ることができるのです。レシピの多くに生地を切り分ける作業が出てきますが、それを行うときは、切り分けた生地を1つずつ計り、大きさを均一にすることをお勧めします。理由は単純、大きさが均一でないと焼き上がる時間に差が出てしまうからです。

ミキシングボウル 1キロの生地が入る大きさのものがいいでしょう。私はステンレス製のボウルを使っています。

ふきん 生地を寝かせるときに上にかけるためやトレイに敷くために使います。数枚あれば足りるでしょう。私は同じふきんを何度も繰り返し使っています。しかもそれを次にパンを作るときまで洗わずに専用の引き出しにしまっています。なぜなら、洗剤のにおいのするふきんで生地を覆うことだけは絶対に避けたいからです。パン作りが終わったら、しっかり振るかブラシをかけて乾かしておけば十分です。これを繰り返しているとやがてふきんに酵母と風味が染みついて、ふきんがパンの材料の一部としての役を果たすようになります。

パン作りの道具　11

プラスチック製のスクレイパー　この安価でちいさな道具は手の延長みたいなもので、私は始終使っています。曲線の縁は生地を混ぜるときや生地をボウルからひと塊のまま延ばさないように取り出すとき、こびりついた生地を剥がしながら集めるときなどに役立ちます。そして直線の縁は生地を切り分けるときに役立ちます。ちなみに、冬場はこれを使って車のフロントガラスから氷を剥がすのが楽しいのです！　スクレイパーがなければ、大きくて平たい木製のスプーンを使ってください。あるいは意外なところでクレジットカードサイズのプラスチックのカードでも代用できます。

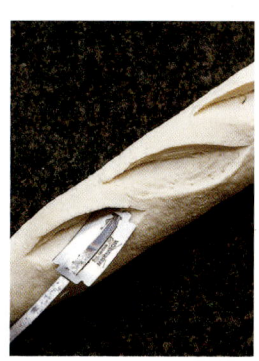

かみそりの刃　カリっとした外皮を作るためにパンの表面に切り込みを入れるのに使います。もちろんよく切れるナイフを使ってもかまいません。ただ、ラムと呼ばれる持ち手を装着したかみそりの刃は、パン職人がパンに「サイン」するときの伝統的な「筆記用具」であり、迅速に美しい仕事をこなす優れものなのです。

柳細工の発酵かご　なければいけないというものではありませんが、丸いローフの発酵用にデザインされた昔ながらの美しい道具です。柳細工の優れた点は、生地の周りの空気の循環を妨げないため、生地の呼吸を妨げないことです。きれいに洗えばパンをテーブルに出すときにも使えます。

木製ピール　パンをオーブンの中の熱いベーキングストーンやベーキングトレイに乗せるときに重宝する専用の細長い板です。持っていなければ、縁のない平らなベーキングトレイで代用してください。それもなければ、縁のあるベーキングトレイを逆さにして使うといいでしょう。

霧吹き　カリッとして色のよい外皮を作るには、パンを入れるときにオーブンの中を蒸気で満たす必要があります。この用途にぴったりなのが、観葉植物に水をかけるときに使うような霧吹きです。

タイマー　いつも正確な時間に忘れずにパンのところへ戻ってこられるとはかぎりません。私はタイマーを3つフル稼働させています。そうでもしなければ、子どもに気を散らされたり、電話が鳴ったりしたらアウトだとわかっているからです。

柔らかいブラシ　私は小型のブラシをいつも作業台の近くに置いておき、粉を掃除するのに使っています。ちなみに作業台はパン作りが終わるまで洗ってはいけません。生地がこびりついていればスクレイパーで剥がし、不要な粉はブラシで掃き集めましょう。石鹸と水を使って台を洗うのは作業がすべて終わってからです。

パンの材料

小麦粉　小麦粉はとにかくよいものを使いましょう。予算の許す範囲でもっとも質の高いパン用の強力粉を使ってください。私は教室のみなさんによく、私自身の小麦粉の入手先を聞かれます。みなさんは教室でパンを作ったら、家でもまったく同じ材料を使ってまったく同じように作りたいようです。私はおもにグロスタシャーのテットベリーにある「シプトンミル(Sipton Mill)」で購入しています。この店はあらゆる種類のパンに適した世界中の驚くほど多様な小麦粉を扱っています。その多くは有機小麦粉で、すべてが石臼びきで無添加です。ほかには、ウェイトローズ(Waitrose)で扱っているレックフォード・エステイト・ストロング・ホワイト・フラワー(Leckford Estate Strong White Flour)やカナディアン・ストロング・ホワイト・フラワー(Canadian Strong White Flour)がお勧めです(p.158を参照)。

酵母（イースト）　乾燥酵母（ドライイースト）は避けて生の酵母だけを使ってください、と言いたい気持ちはあります。でもその一方で、急にパンを焼きたくなったけれど生酵母がない、というときのために乾燥酵母を常備しておく価値もあると思っています。生酵母の扱いは難しいと思われていますが、じつは意外に簡単です。酵母を「活性化」するために砂糖とお湯を加える方法もありますが、あれはお勧めできません。加えたお湯が熱すぎてどうしようもないほどべたべたになってしまったという話をよく聞くからです。というより、そもそも砂糖もお湯も必要ありません。酵母は指で崩すようにこすりながら粉の中に混ぜ込んでいけばいいのです。やむをえず乾燥酵母を使う場合も方法はまったく同じです。

水　私はすべてのレシピで常温の水道水を使っています。浄水器を通せばなおいいでしょう。市販のミネラルウォーターを使うメリットはとくにないと思います。市販の水は容器に詰められてから2-3年経っているかもしれません。私もミネラルウォーターを飲むのは好きですが、パン作りに使いたいとは思いません。

塩　高品質の海塩、できればオーガニックのものを使いましょう。最近パンに含まれる塩分を気にする人が増えていることは私も知っています。しかし、パンの塩分を気にしながら子どもに塩まみれのポテトチップスを与えている人がいるのにはあきれます。私は自分の子どもに焼きたての手作りパンを安心して食べさせていますが、ポテトチップスも、その他の大量の塩の潜む加工食品も食べさせていません。パンの塩には発酵を安定させ、色と風味を向上させる効果があります。世界にはトスカーナのように、塩を使わないパンを伝統的に食べている地域もあります。しかし私にとってそれは、ほどよく味つけされていないステーキを食べるようなものです。パンを作るときに塩の使用量を減らすことはもちろんできます。ですが適正量の塩を使ったときと比べると仕上がりは劣ります。

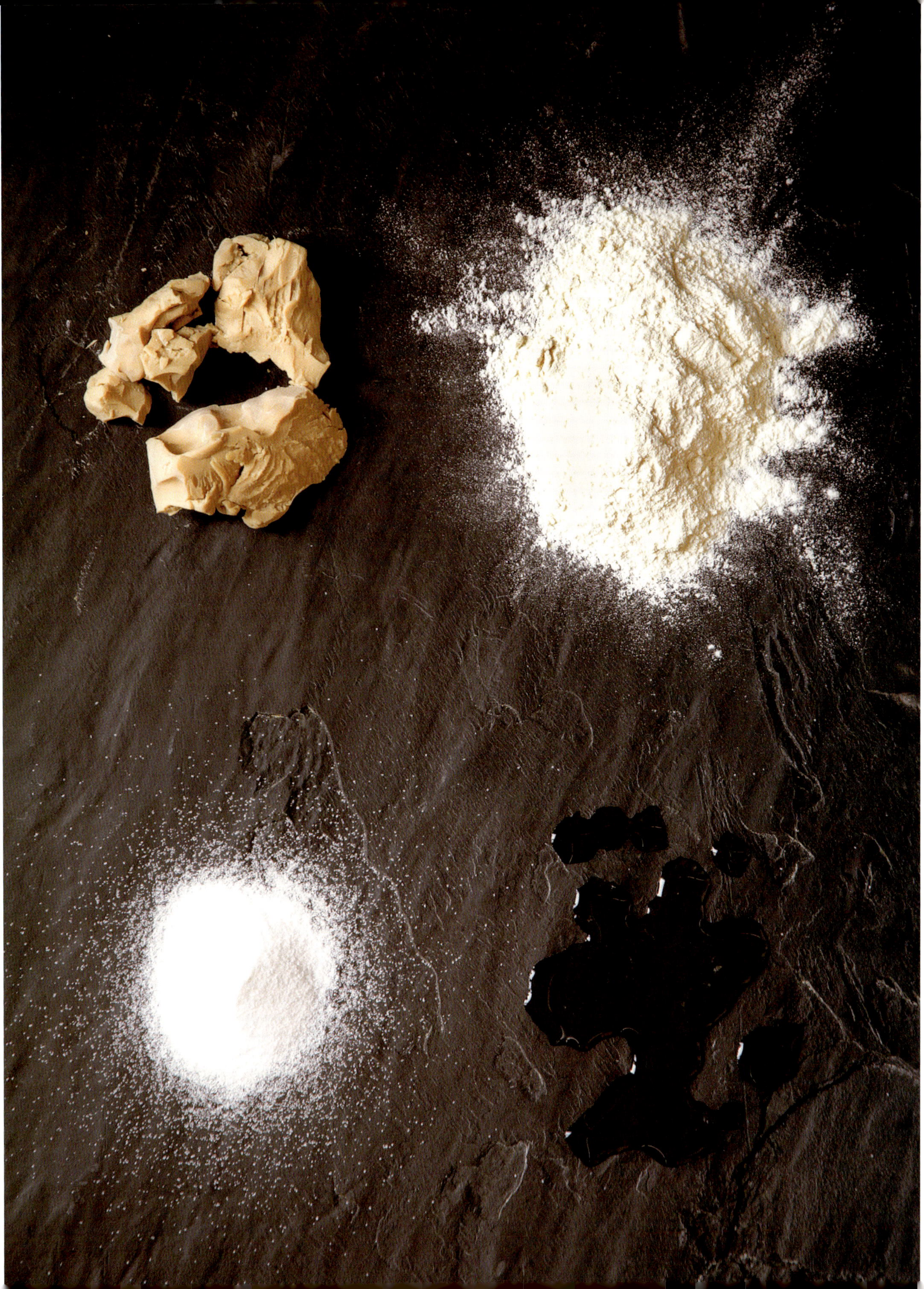

パン作りを語る言葉

パン職人にはそれぞれ自分の言葉や表現があります。以下は私の言葉と表現です。

生地に働きかける　イギリスで一般に教えられている「こねるテクニック」は、私が用いているフランス式の生地に空気と命を与えるテクニックとはかなり違います。ですから、私は「こねる(knead)」という(荒っぽい感じの)言葉は使わず、「働きかける(work)」という言葉を使うことにします(p. 24を参照)。

寝かせる　働きかけたあとの生地をふきんで覆い、温かく風のない場所に、普通は1時間ほど放置することです。生地はこの間に2倍ほどに膨らみ、構造ができて風味が育ちます。ただ、「温かく風のない場所って?」と疑問に思う人もいるでしょう。確かに「温かい」と思う温度は人によって違います。ですから私が「温かい」と言ったときは、早朝からオーブンを使っているときのキッチンの室温、つまり25-30℃だと解釈してください。「風のない」場所としては、電子レンジ(もちろんスイッチはオフにして)や食器棚を利用してもいいでしょう。ただし乾燥用戸棚は生地を乾燥させすぎるのでよくありません。コンロの上に置くのも高温になりすぎるので避けてください。寝かせている間に生地が乾いてきたと感じたら、あらゆる熱源から遠ざけ、生地を覆っているふきんの上から霧吹きで水をかけてください。

折る　イギリスでは、寝かせたあとの生地から空気を抜くために生地を「叩きつける」ように教えられることが多いようです。でも、そんなふうに生地をいじめてはいけません。生地は優しく扱いましょう。寝かせたあとの生地はただひっくり返し、端を中心に向けて折っては下に押すことを繰り返していけばいいのです。この折っては下に押すテクニックは、私が生地でさまざまな形を作るときに用いる「成形テクニック」でもあります。

発酵させる　ローフやロールなどさまざまな形に整えたあとのパンを再び放置し、再び2倍弱に膨らませることです(これにもたいてい1時間ほどかかります)。私があえて2倍「弱」と表現する理由は、2倍になったという判断は慣れるまでは必ずしも容易でなく、発酵がやや足りないくらいのほうが、発酵しすぎよりは仕上がりがよいからです。

焼く(ベーキング)　当然と思われるかもしれませんが、パンを焼くのは「クッキング(cooking)」でなく「ベーキング(baking)」です。誰かが「パンのクッキング」と言っているのを聞くたびに、「牛肉のベーキング」と言われるくらいの気持ち悪さを覚えます。

発酵種　同じ意味で「ルヴァン」という言葉を使うパン職人もいます。これは4-6時間以上寝かせた生地のことで、パンに個性や風味や軽さを与えるために使います。パンによっては発酵種の特別な種類である「ポーリッシュ」を使います。

パン作りを語る言葉 15

生地に働きかける

寝かせる

発酵種を作る

発酵させる

折る

焼く

16 DOUGH パン生地

カラーチャート　レシピ中では「きつね色になるまで焼く」などの表現を使っていますが、これは慣用的な言い回しであって正確な色を表していません。そこで、パンが焼けていく過程での外皮の変化をカラーチャートに示しました。判断の参考にしてください。

注意：このチャートは、白い生地、オリーブの生地、甘い生地を使ったパンに当てはまります。茶色い生地やライ麦の生地を使ったパンの場合は必然的にもっと濃い色になります。

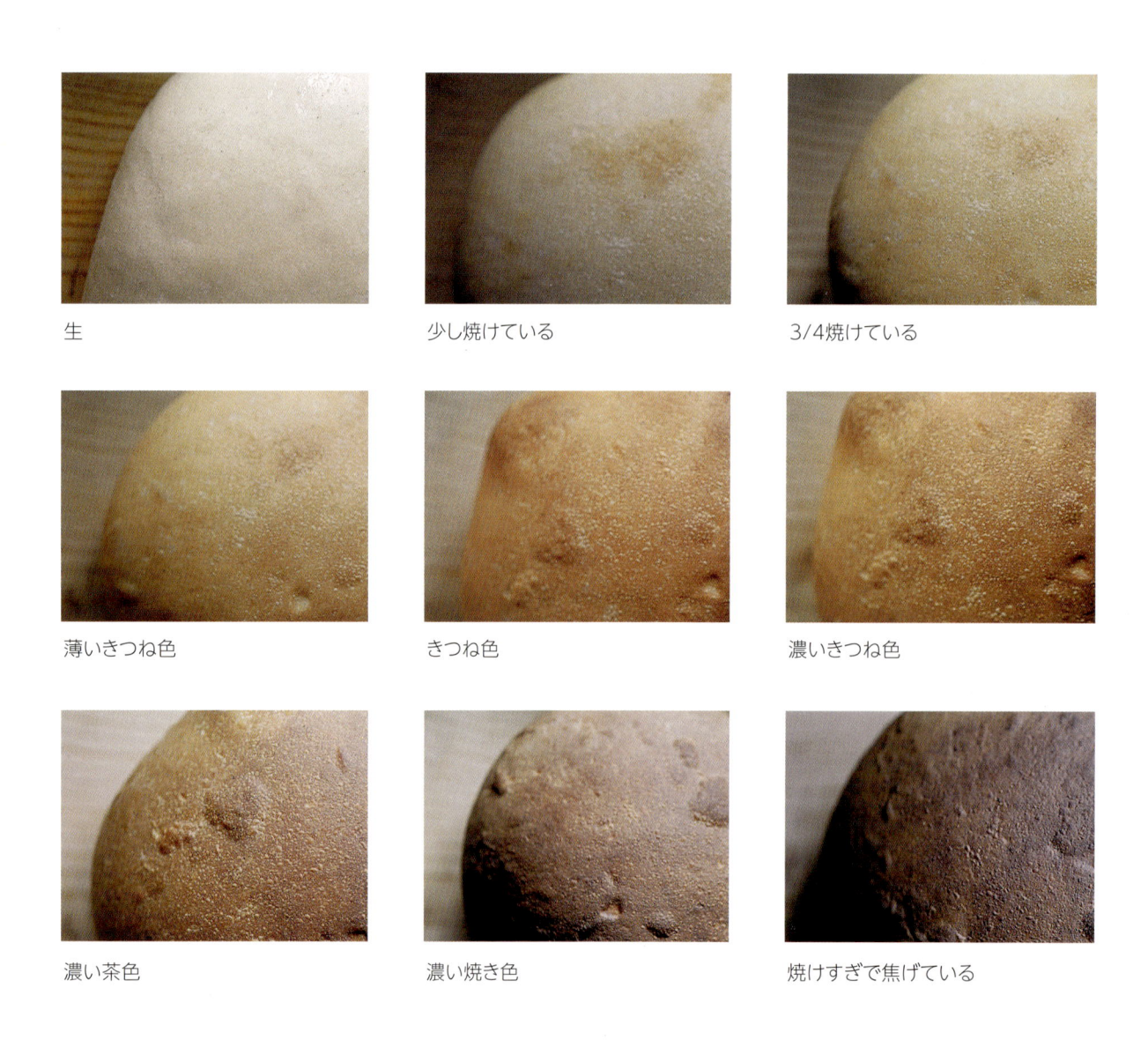

生	少し焼けている	3/4焼けている
薄いきつね色	きつね色	濃いきつね色
濃い茶色	濃い焼き色	焼けすぎで焦げている

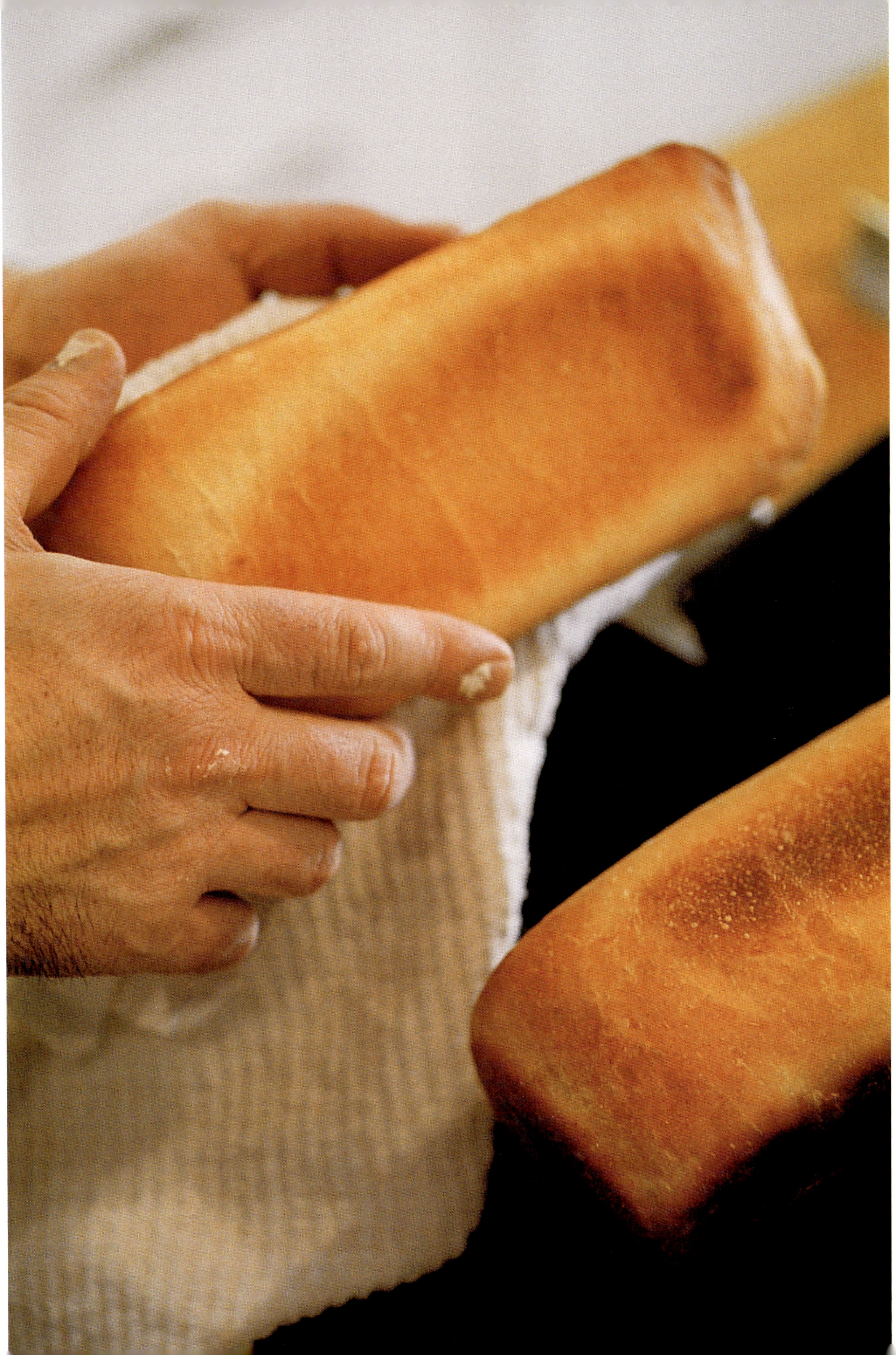

**大量生産の
パンに
よく含まれて
いるもの**

小麦粉

水

酵母

小麦蛋白

塩

酢

ブドウ糖

大豆粉

植物性脂肪

乳化剤
（グリセリン
脂肪酸エステル）

小麦粉改良剤
（アスコルビン酸）

防かび剤
（プロピオン酸
カルシウム）

**手作り
パンに
含まれて
いるもの**

小麦粉
酵母
塩
水

生地

　このあとの各章では、まず少しずつ違う生地の作り方を説明し、続いてその「親」生地を使って作ることのできるパンのレシピを紹介します。シンプルな親生地からじつにさまざまなパンを本当に簡単に作ることができるのです！　また、いつまでも興味の尽きない本にしたいという気持ちから、甘い生地の章を除く各章の最後には、少し複雑なパンのレシピも載せました。パン作りに慣れてきたらぜひ挑戦してください。なお、生地の違いは材料の違いであり、用いるテクニックはどれも同じです。

オーブンを余熱する

　最初の仕事はいつも、オーブンをできるだけ高い温度に余熱することです（オーブンの機能が許せば250℃に余熱してください。ただし甘い生地を使うときだけは少し低めの220℃に余熱します）。それからベーキングストーンまたは厚手のベーキングトレイ（p.10を参照）をオーブンに入れます。オーブンだけでなくキッチン全体を温めたいので、ここまではできるだけ早くやっておきましょう。室温が高いほうが生地の反応がよくなります。

材料を計量する

　すべての材料の重さを丁寧に計りましょう。私は水でさえ重さを計ります。計量カップを使って水面の高さを目で見るよりずっと正確だからです。また、計るときは1度でなく何度か計ってみてください。おそらく計るたびに少しずつ違うでしょう。こうした誤差はたいていの料理では取るに足らないことですが、パン作りでは正確な計量がとても大切なのです。

パンを冷凍する

　この本に載せたパンはパフボールを除いてどれも冷凍することができます。冷凍する場合は新鮮さを保つために半焼きにしておくことをお勧めします。半焼きにしたら完全に冷まし、クッキングシートに包んで食品保存用のビニール袋に密封して冷凍庫に入れてください。食べるときはオーブンを余熱なしで200℃にセットして焼くと、オーブンがその温度に達するまでに（12-15分程度で）焼き上がります。ほかの料理をしていてオーブンがすでに温まっていた場合は、焼き時間を8-10分くらいに短縮してください（小さいパンのときは早く焼けやすいので目を離さないようにしましょう）。ただし甘い生地でつくったパンだけは冷凍する前に完全に焼くようにして、食べるときは室温で完全に解凍し、低めの温度（180℃くらい）のオーブンで温めます。

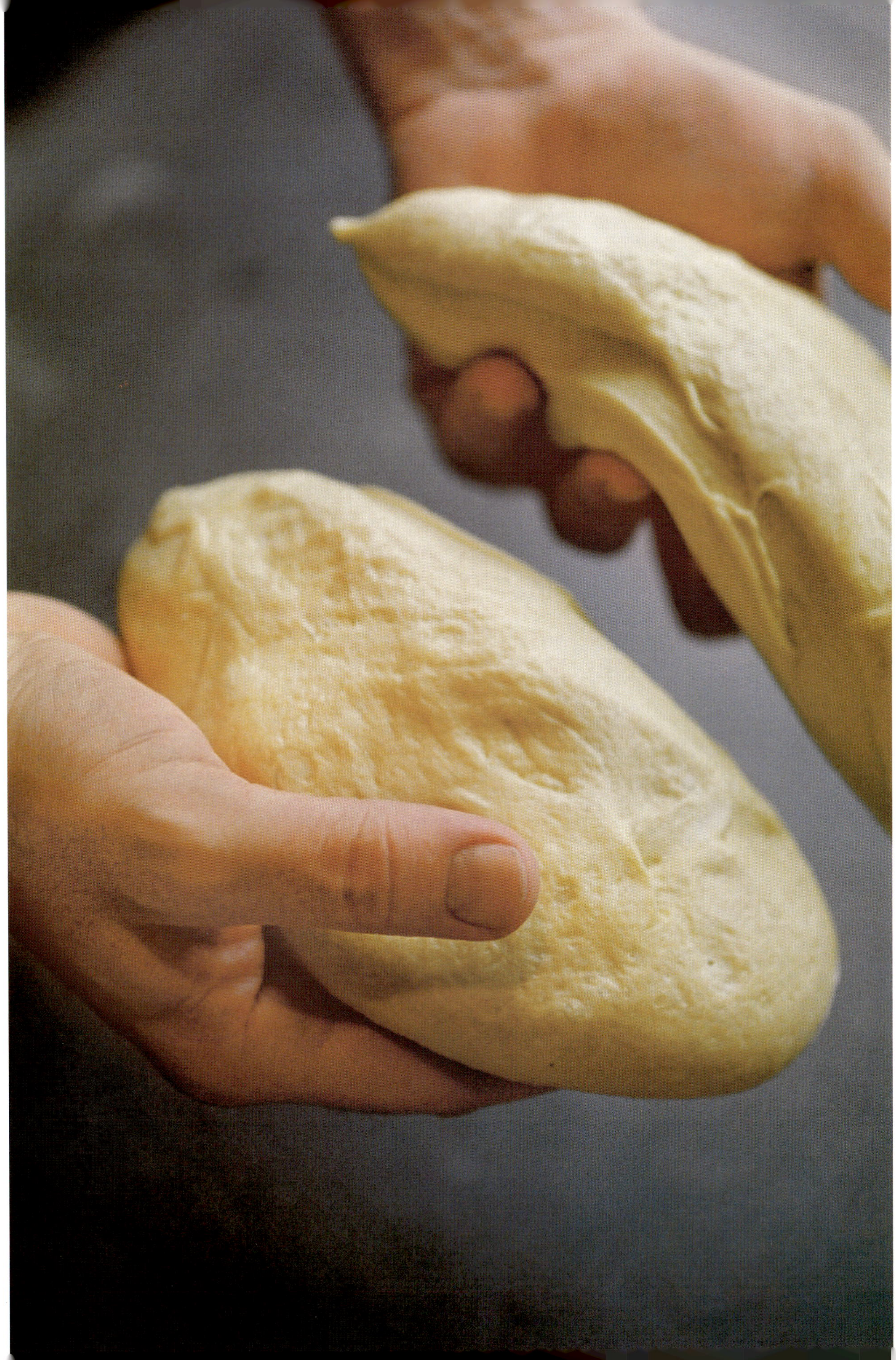

生地を作る

● 酵母を指先で崩しながら小麦粉の中に加え、小麦粉と区別がつかなくなるまでこすってください。それから塩、水の順に加え、片手でボウルを押さえ、反対の手かスクレイパーの曲線の縁で2-3分（材料がよく混ざってつながるまで）混ぜ合わせてください。

生地　23

● 生地をスクレイパーですくってボウルから作業台の上に出します。生地が軟らかく水っぽすぎるように感じても（粘りのあるどろっとしたお粥のような状態でも）、作業台に粉を振ることは絶対に避けてください。

水を加える　　　　　　　　　　　材料を混ぜる

生地を持ち上げて出す　　　　　　作業台に粉を振らない

　作業台に粉を振らないと言うと、いつもみなさんに驚かれます。そこで教室では粉を振る必要がないことを証明するために、生地に水をさらに少し加え、もっとねばねばにして見せることがあります。その生地が本当に粉を足さずにまとまるなんて最初は誰も信じません。ところがまとまるのです。ただ延ばしたり折ったりを繰り返して空気を内部に閉じ込めるだけでです。考えてみてください。もしこの段階で生地に小麦粉を足し続けたら、あっという間に100gくらいは足してしまうでしょう。その結果、生地が硬くなって構造が変わり、「煉瓦みたいなパン」ができてしまうのです。粉を足さずに生地に働きかければ、生地は最後まで軟らかく、より軽く、よりふんわりとしておいしいパンができあがります。

生地に働きかける

● 次は生地に働きかけます。生地を延ばして中にできるだけたくさんの空気を取り込みましょう。これまでに生地を「こねる」方法、つまり生地を手の付け根で強く叩きつけたり回したりすような方法を教わったことのある人も、そうした方法のことはすべて忘れてください。生地に働きかけるには、両手の親指以外の4本の指を2本のフォークのように生地の下に差し入れ(写真1)、親指を上に置き(写真2)、生地を持ち上げて台の上にぴしゃりと落とします(最初はねばねばしすぎて持ち上げにくいです)(写真3)。それから生地を手前に延ばして、(空気を閉じ込めるために)弧を描きながら残りの生地の上に戻します(写真4)。この手順を繰り返してください(写真5)。頭で考えようとすると難しいかもしれませんが、体で覚えてしまえば流れるような動きで生地に簡単に働きかけることができるようになります(写真6、7)。動きの習得にはDVDが役立つと思います。

1

2

3

4

5

6

●これを繰り返していると生地はしだいにまとまってきて、手の中で「命」と弾力が感じられるようになってきます(写真8)。作業台からきれいに離れるようになるまで続けていると(写真9)、見た目も手触りもなめらかになり、硬いけれど軟らかく、反応のよい生地になってきます。これがどういうことかは実際にやってみればわかるでしょう。生地を触るのが楽しくなってくるのはここからです! ここまでの作業は慣れれば5分ほどしかかかりません。従来の「こね方」では10-15分はかかるでしょう。

●ここで初めて作業台に軽く粉を振り、その上で生地の端を順々に中心に向けて折ってボール形に整えていきます(写真10)。生地を回しながら折っては上から親指で押すことを繰り返してください(写真11)。それからボールをひっくり返し、周りを少し延ばして下に押し込みます(写真12)。このテクニックは多くのレシピの中で用いることになります。「固いボール」にするという指示がある場合は、中心に向けて折る回数を多めにしてください。

パン生地用の羽根のあるミキサーを使用する場合

● 小麦粉をミキサーのボウルに入れ、そこに酵母をこすり入れてから、ミキサーを一番遅い速度で回転させます。次に塩、水の順に加え、2分ほど回転させてから、速度を一段階上げてさらに6-7分（生地がなめらかになり弾力が出てくるまで）回転させます。それから生地をボウルから出して軽く小麦粉を振った作業台の上に置き、ボール形に整えてください（p.25を参照）。

生地を寝かせる

● ボール形に整えた生地を小麦粉を振ったボウルに入れてふきんで覆い、2倍くらいに膨らむまで1時間ほど風のない場所に放置します（p.14を参照）。2倍になるのがもっと早いことも遅いこともありますが、どちらの場合も心配はいりません。生地の反応は室温によって違ってくるからです（そのこととは別に、レシピによって寝かせ時間に違いがあります。事前に確認してください）。生地が2倍くらいになったら、選んだレシピに進みます。

※ レシピによっては寝かせる前にフルーツ、ナッツ、スパイスなどほかの材料を加えることがあるので、生地を作り始める前に確認してください。また、せっかく手作りの素晴らしい生地に加えるのですから、そうした材料もぜひ上質のものを使ってください。

生地を育てる（発酵種を作る）

　基本量の生地を作ったら、そこから200gだけ取り分け、冷蔵庫に保存して、ときどき「活性化」を行う方法があります。これを次に作る生地に加え、そこから再び200gを取り分けるのです。この作業を繰り返していると、パンを焼くたびに生地の風味と個性を向上させていくことができます。生地を保存するときはボウルに入れてラップをして冷蔵庫に入れます。そして2日間放置したら、同量（200g）の水と2倍量（400g）の小麦粉を加え、よく混ぜて硬い生地にし、冷蔵庫に戻します。しばらくパンを焼かない場合は7-10日ごとにこの「活性化」を行ってください。生地が増えすぎて困るなら、200gだけ取っておき（残りは処分して）、そこに同量の水と2倍量の小麦粉を混ぜていくようにしてください。生地は常温で保存したほうがよいという意見もありますが、冷蔵庫を利用したほうが温度管理がずっと簡単です。主導権は生地に譲らず、あなたが握ってください！　パン作りに自信がついてきたら、一度に作る量を増やし、保存する生地の量も増やすといいでしょう。量が増えると成長が遅くなるので、活性化の間隔を長くすることができます。私は冷蔵庫にいつも2kgほど保存しているので、休暇で2週間家を空けるときも生地が「死んでしまう」心配はしていません。その心配があったら、生地をスーツケースに入れて出かけなければならなくて大変です。これは笑いごとではありません！　私は実際にこれをやっている人を何人か知っています。彼らはホテルでチェックインするとき、「はい、宿泊するのは私と妻と子ども2人、それから発酵種です」なんて言っているのかもしれません。

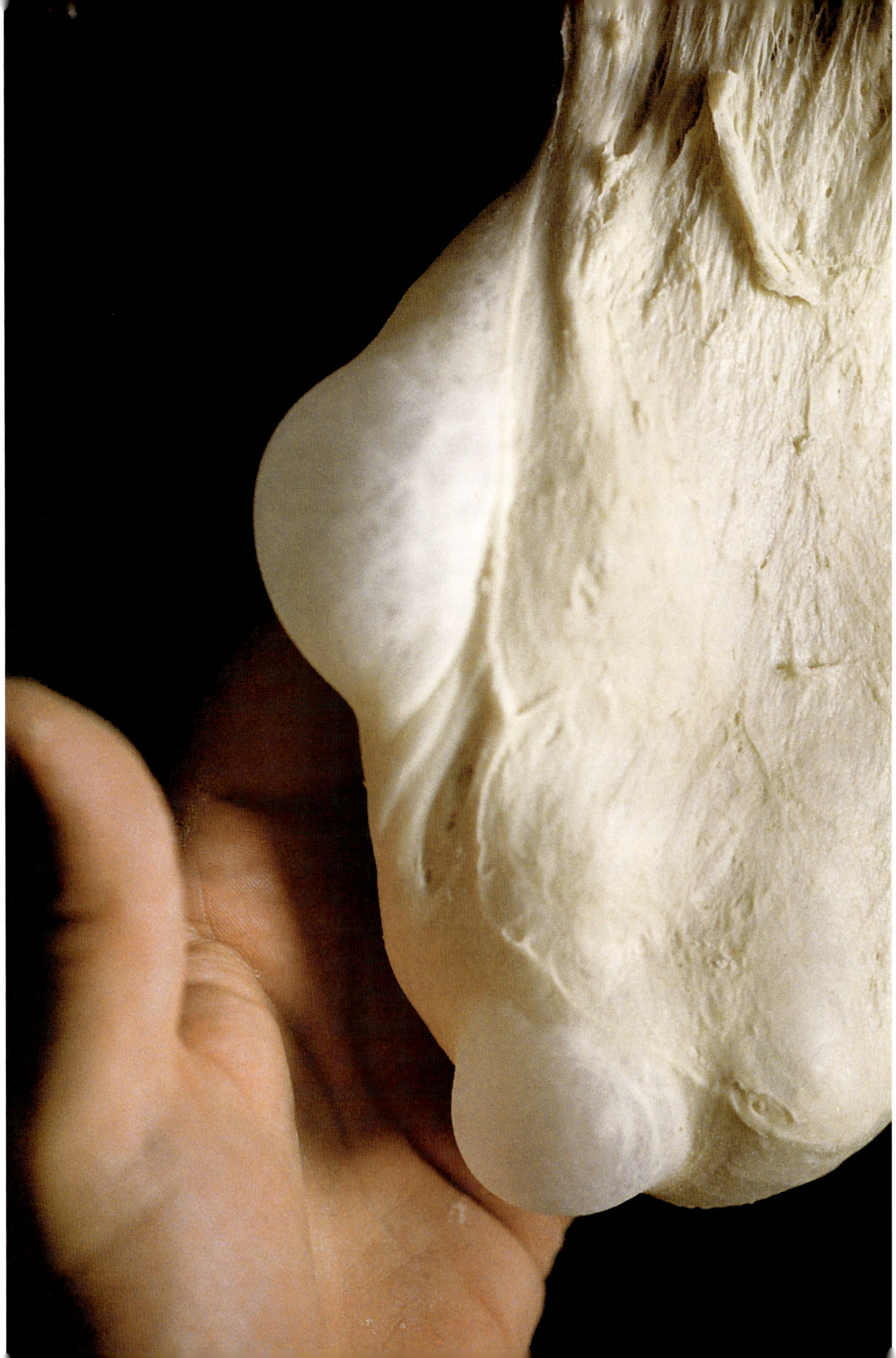

小さなボールの形にする

- 寝かせた生地を作業台の上に出して3等分し、それぞれを手の付け根で押し延ばして楕円のような形にします。それから生地の端を中央に向けて折って手の付け根で押して合わせ目をとじ、反対の端も同様に折って合わせ目をとじます。最後は縦半分に折って長い棒状にし、長い合わせ目をとじてください。このように折ったり押したりを繰り返すことにより、生地は強さと腰を増していきます。これは成形の必要なパンの多くに使われるテクニックです。次の手順に入る前にひっくり返して合わせ目を下にします。

生地　29

●棒状にした生地を輪切りにします（何等分するかはレシピごとに違います）。輪切りにした生地を小さなボールにする手順は、生地を寝かせる前にボール形に整えた手順と同じで、生地を回しながら周りを中心に向けて折っては指でしっかり押していきます（p.25を参照）。「固いボール」にするという指示がある場合は折る回数を多めにしてください。最後にボールをひっくり返し、手のひらに乗せて転がしてなめらかにします。

長いロールの形にする

● ボールにした生地(p.28-29を参照)を指で押し延ばして平らな円にします。それから円の1/3を中心に向けて折って親指の側面か手の付け根で押して合わせ目をとじ、反対側の1/3も同様に折って合わせ目をとじます。最後は縦半分に折って長い棒状にし、長い合わせ目をとじて開いた両端もとじてください。それから合わせ目を下にし、手で転がして生地をなめらかにしながら両端を少し延ばして尖らせます。

ロ ーフの形にする

- ロールにする手順とほぼ同じですが、初めに作るボールの大きさが違います（大きなボールをレシピによって1つか2つだけ作ります）。大きなボールを作ったら、まずそれを手の付け根で押し延ばします。それから端を内側に折って手の付け根で押し、反対の端も同様に折って押します。最後は縦半分に折って合わせ目をとじてください。それからひっくり返して（合わせ目を下にして）木製ピール（またはベーキングトレイ）に乗せるか、レシピによっては油を塗ったローフ型に入れます。

小さなパンで楽しく

パンを焼くのが初めての人はまず小さなパンを焼いてみるといいでしょう。いきなり大きなローフに挑戦して形が崩れてしまったら二度と作りたくなくなるかもしれません。最初は小さなパンを作るほうが楽しいと思います。また、生地は一番シンプルな白い生地から始めるといいでしょう。なかでもお勧めなのはフーガスです。フーガスは作るのがとても簡単で、私の教室でも大人気のパンです。

1. 白い生地

White
「白い」＝純潔な；無垢の

白い生地　33

　白い生地とは何でしょう？　それは小麦粉、水、塩、酵母だけで作る生地、私たちが作ることのできるもっともシンプルで基本的な生地です。このたった4つのありふれた材料から生まれる可能性、バリエーション、楽しさはいつまでも尽きることがなく、私はこの生地を使ってのさまざまな「実験」が病みつきになっています。私の幼い息子でさえ、私と一緒に白い生地のパンを作るのが大好きです。

　生地作りはオーブンを250℃に余熱してから始めてください。

基本量の材料

酵母(できれば生酵母)..10g
パン用強力小麦粉..500g
塩..10g
水...350g
(または350㎖……ただし計量カップを使うより重さを計るほうが正確。p.20を参照)

作り方

　酵母を指先で崩しながら小麦粉の中に加え、続いて塩、水の順に加えます。それから片手でボウルを押さえ、反対の手かスクレイパーの曲線の縁で2-3分(材料がよく混ざってつながるまで)混ぜ合わせます(p.22-23を参照)。レシピによっては生地を作る段階でほかの材料を加える必要があるので、事前に確認してください。以下は生地に働きかける4段階の復習です(p.24-25を参照)。

1. 両手の親指以外の4本の指を生地の下に差し入れ、親指を上に置く

2. 生地を持ち上げて作業台にぴしゃりと落とす

3. 生地を手前に延ばす

4. 弧を描くように残りの生地の上に戻して空気を閉じ込める

バゲット
p.54

サフラン
ロール
p.62

パン・ド・ミー
p.64

ごまとアニスの
スティックパン
p.48

フーガス
p.36

ひとくちパン
p.44

エピ
p.57

レモン
ロール
p.47

レイヤード
ロール
p.46

グリュイエール
とクミンのパン
p.58

モロッコ風
スパイシー
ロール
p.52

パフボール
p.40

パン・
ファソン・
ボーケール
p.60

フーガス

　フーガスは教室でみなさんに最初に作っていただくパンです。なぜならこのパンはシンプルなのに見た目がちょっと奇抜で食感がいい（外側がカリっとして内側が軟らかい）からです。これがオーブンから出てくると、誰もが私が名づけたところの「フーガスの笑顔」を浮かべます（「見て！　私が作ったのよ！」という誇らしげな笑顔です）。

　料理の流行はつねに変わっているので、一度消えたものが戻ってくることもよくあります。今風に見えるフーガスも、じつは遠い昔にあったパンの生まれ変わりなのです。昔のフーガスはフォカッチャの仲間のいわゆる「平パン」でした。フーガスの語源は「炉」を意味するラテン語の「フォクス」です。パンケーキのように平たかった昔のフーガスは、炉の中の灰の下で焼くものだったのです。

　私はこのパンにとうもろこし粉を振りかけるのが好きです。とうもろこし粉を振りかけると外皮が贅沢感のある黄金色になり、薪オーブンで焼いたような感じになるからです。フーガスはオリーブの生地、ライ麦の生地、茶色い生地でも作ることができます。

できあがり数	6枚
作業時間	20分
寝かせ時間	1時間
焼き時間	10-12分

材料

1時間寝かせた白い生地(p.33を参照) ....基本量
(振りかける)小麦粉またはとうもろこし粉 200g

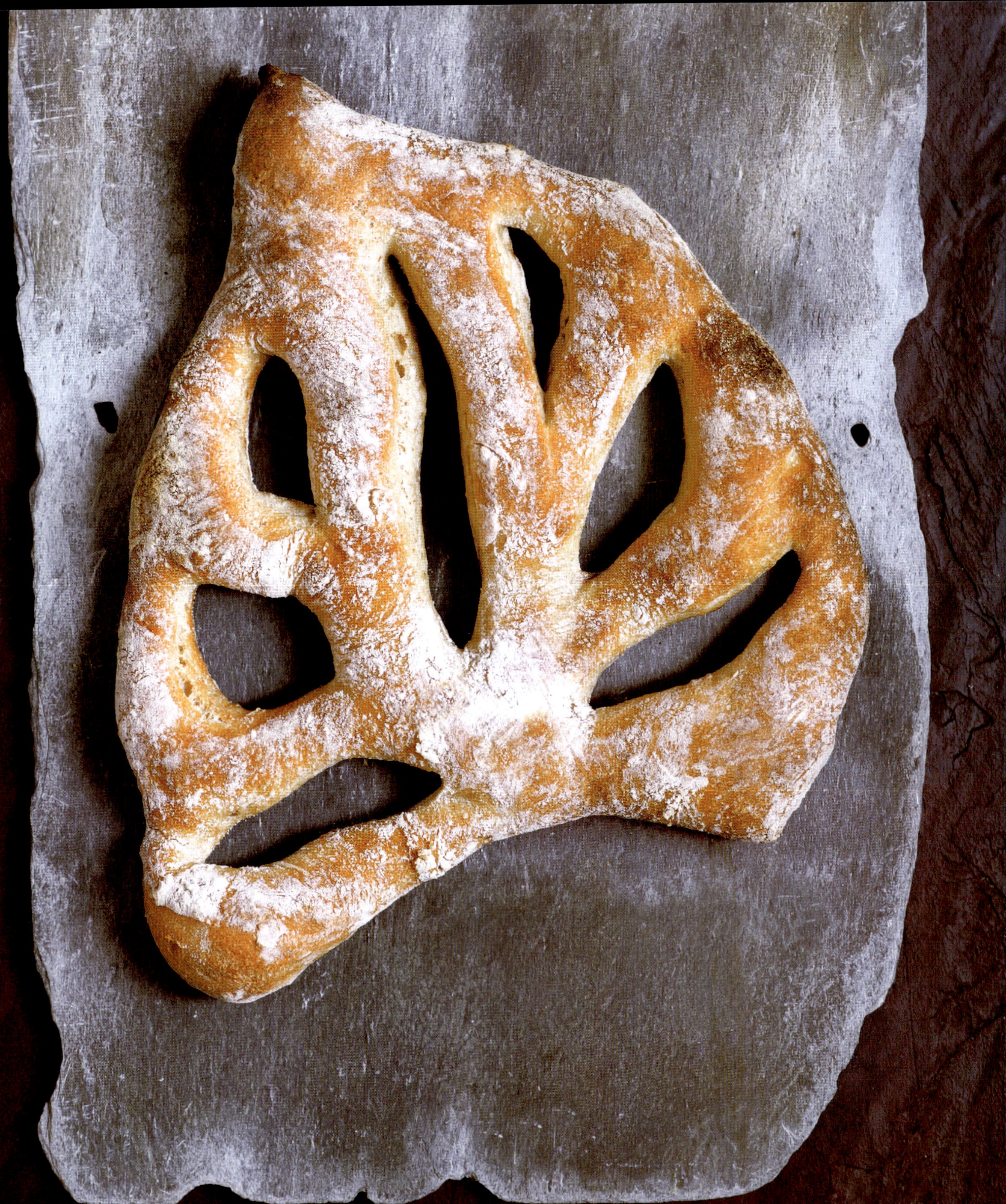

作り方

- 作業台に粉をたっぷりと振り、スクレイパーの曲線の縁を使って、生地を延ばさずひと塊のままボウルからすくい出して作業台に置き、指で四角く延ばします。生地から空気が抜けないよう丁寧に扱ってください。それから生地の表面にたっぷりと粉を振ります。

- スクレイパーの直線の縁を使って、生地をまず2つの長方形に、続いてそれぞれを3つの長方形に切り分けます。このときも生地を丁寧に扱い、空気をたっぷりと含んだ軽い状態を保つようにしてください。また、切り分けた各生地にたっぷりと粉がかかっていることを確認してください。

- スクレイパーの直線の縁を使って、切り分けた各生地の対角線上に長い切り込みを入れます。生地の裏側がつながったままにならないよう、しっかり深く切ってください。ただし長く切りすぎて生地の縁まで切ってしまわないよう気をつけてください。続いて長い切り込みの両側に、そこから枝が出るように短い切り込みを3本ずつ入れます。それからすべての切り込みを指で丁寧に大きく広げてください。教室にはときどき、小さな切り込みをたくさん入れて複雑な模様を作ろうとする人がいます。でも、小さな穴は焼けると閉じてしまうので、切り込みは数を少なめにして大胆に大きく広げるほうがいいのです。

- 軽く粉を振った木製ピール(または縁の平らなベーキングトレイ)に生地を乗せ、そこから余熱したオーブンの中の熱いベーキングストーン(または逆さにしたベーキングトレイ)の上に滑らせて移します。この動作はできるだけ素早く行ってオーブンから熱を逃さないようにしてください。それからオーブンの中に霧吹きで水を吹きかけて扉を閉め、温度を230℃に下げて10-12分(きつね色になるまで)焼きます。

バリエーション：生地に手で働きかけたあと(または生地をミキサーで混ぜたあと)、寝かせる直前に、半分に切ったオリーブ(種入りの高品質のものを買い、自分で種を取ってください)、ローストペッパー、玉ねぎのローストなどを加えます。また、焼く直前にフレッシュローズマリーやタイムの葉を生地の表面に押しつけてもいいでしょう。

冷凍する場合：オーブンで6-7分焼いて「3/4焼けている」状態(p.16を参照)にし、冷まして冷凍保存袋に入れて冷凍します。食べるときは冷凍のまま180-200℃のオーブンで12分焼きます。

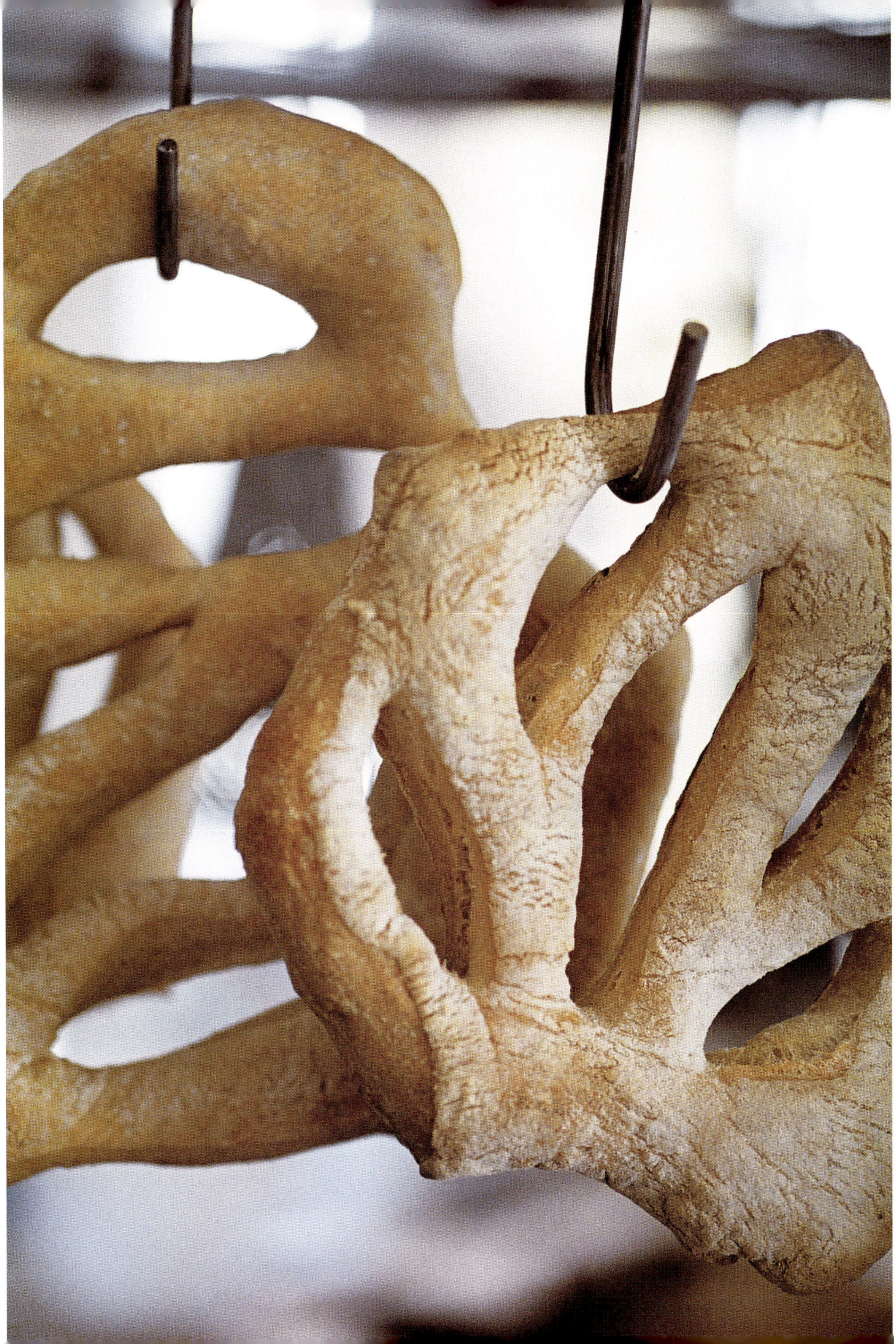

パフボール

　このパリパリで薄いボール形のパンは、伝統的な「サラダに乗せるパン（クルトン）」の変形版で、「サラダを包むパン」です。サラダは葉野菜やハーブだけのシンプルなものにしてもいいし、もっとおしゃれにトリュフ入りにしてもいいでしょう。パンの上部をゆで卵みたいに叩いて割ると、中からサラダが出てくる仕組みです。これは食べる人に間違いなく感動してもらえます！

　ただし、このパンには大事な注意点があります。サラダにはドレッシングをかけないでください！ かけると、せっかくのパリパリのパフボールが湿ってしまいます。ドレッシングは別添えにして、ボールを割ってから各自でかけてもらうようにしてください。

　基本量の白い生地でほどよい大きさのパフボールを約20個作ることができます。ただし初めて作るときはたいていいくつかは壊れてしまいます。完璧なものが10個できればよいくらいに考えていたほうがいいかもしれません。壊れたものはディッピングソースを添えて「ポテトチップス」のように利用しましょう。練習して生地をボール形でなく枕形や角型にしたり、パーティー用にひと口サイズのものを作ったりしても楽しいでしょう。

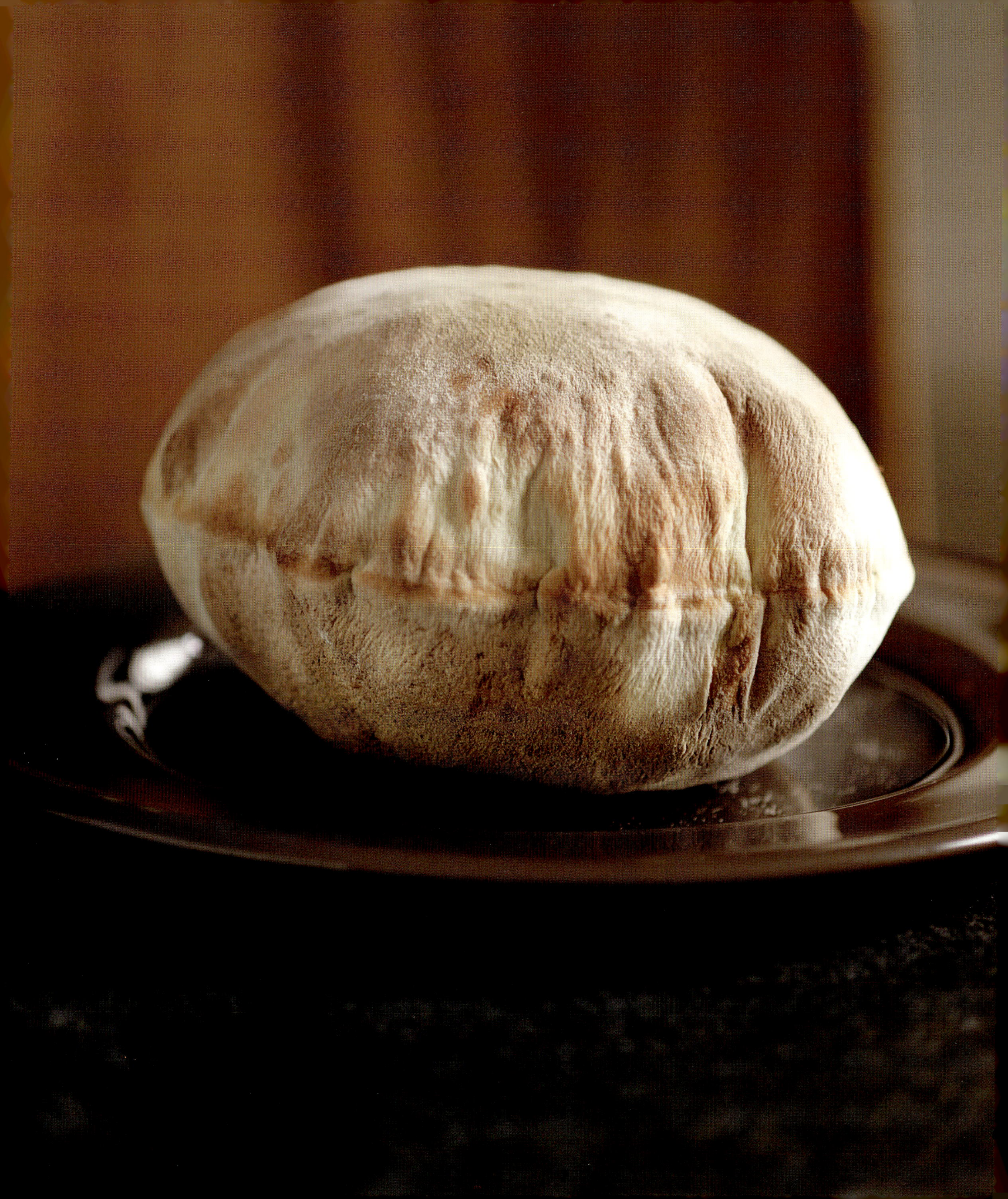

42 DOUGH パン生地

できあがり数	20個
	(または10個+チップスボウル1杯分)
作業時間	20分
寝かせ時間	25分
焼き時間	3-4分

材 料

20分寝かせた白い生地(p.33を参照)……………基本量
(振りかける)小麦粉
好みのサラダ

作り方

- スクレイパーの曲線の縁を使って生地をボウルから出し、直線の縁を使って20個くらいに(約40gずつに)切り分けます。

- 切り分けた生地をそれぞれボールにし(p.28-29を参照)、ふきんをかけてさらに5分寝かせます。

- 作業台の上やめん棒に乾いた生地のかけらがついていないことを確認します。生地に少しでも余計なものがついていると膨らまなくなってしまうからです。それから、同じ理由で粉をふるいにかけてから作業台に振ります。

- 生地をそれぞれめん棒で延ばして平たい円にします。途中何度かひっくり返し、そのたびに粉をしっかり振ってください。生地が極薄に(1-2mmの厚さに)なるまで延ばします。

- 1度に焼く枚数は、オーブンの大きさによって1枚か2枚にしてください。1枚か2枚を木製ピール(または縁の平らなベーキングトレイ)に乗せ、そこから余熱したオーブンの中のベーキングストーン(または逆さにしたベーキングトレイ)に移し、3-4分焼きます。すぐに膨らみ始めますが、しっかり膨らんできつね色になり、指で軽く(きわめて軽くです!)叩いたときに空洞の音がしたら焼き上がりです。

- パフボールをオーブンから丁寧に取り出し、金網の上で冷まします。状態が一番よいのは焼いてから3-4時間後ですが、密閉容器に入れておけば2-3日は保存できます。ただしビニール袋に保存するのは、パフボールが軟らかくなってしまうので避けてください。

テーブルに出すとき

パフボールの底に小さな円を描くように水を塗り、軟らかくなったところをよく切れるナイフで慎重に切り取ります。それからテーブルに出す直前にサラダをたっぷりと丁寧に詰めてください。テーブルに出してから各自で上部をスプーンかフォークで割ってもらうとサラダが出てきます。

※最初の1つか2つをオーブンで焼いている間に次の生地を延ばすというように、生地を延ばして焼く作業は連続して行いましょう。

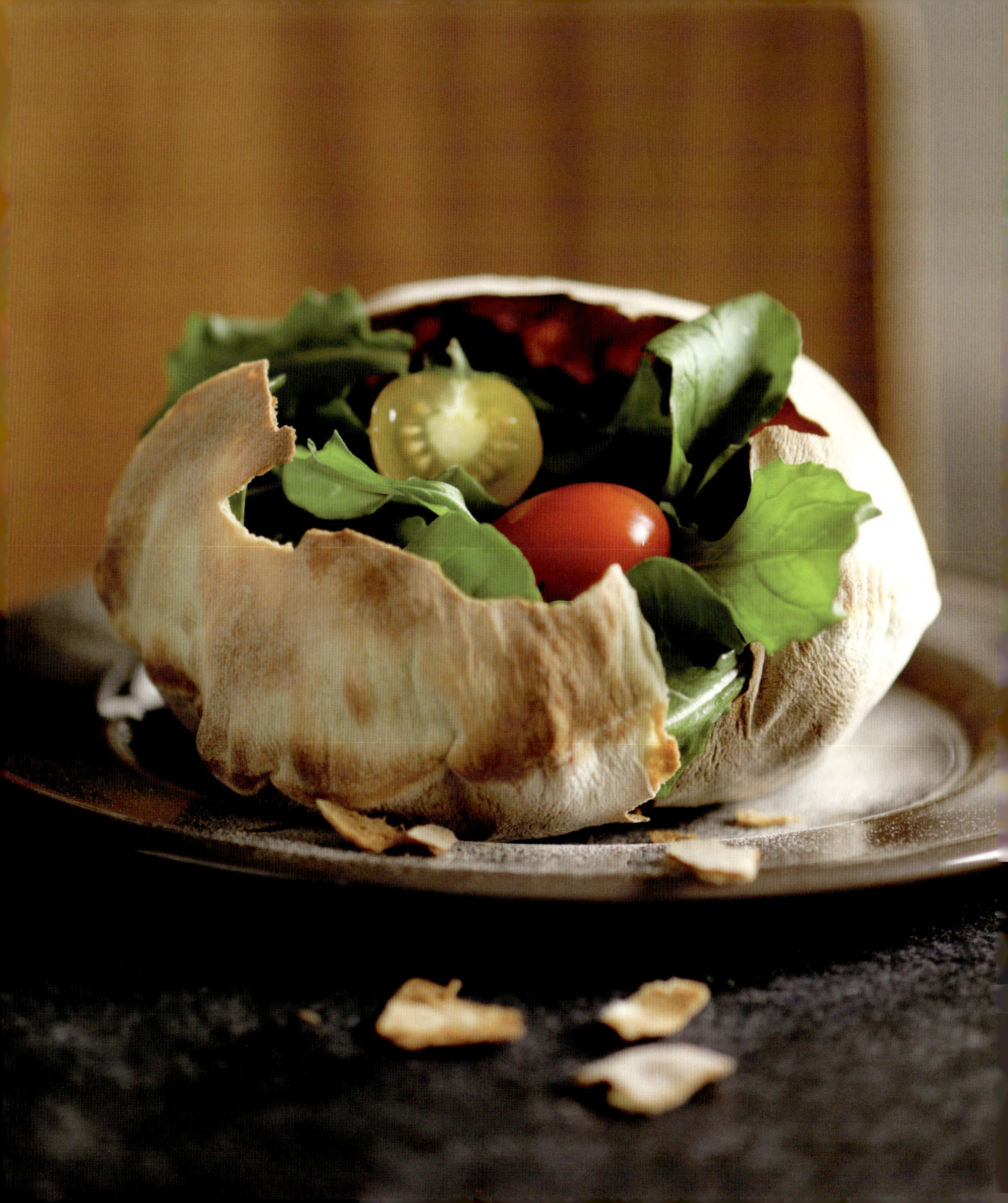

ひとくちパン

とても小さなパンで、パーティーで珍しいカナッペとしてドリンクと一緒に出すのに向いています。小さなボール形の生地の上部に指かスプーンの持ち手でくぼみをつくり、そこにチーズやペストやくるみなどのフィリングを詰めてから発酵させると、フィリングの周りがよい感じに盛り上がります。

できあがり数...約30個
作業時間...20分
寝かせ時間...1時間15分
発酵時間...45分
焼き時間...8-10分

材 料

1時間寝かせた白い生地(p.33を参照)....................基本量
(振りかける)小麦粉
(焼く前の生地に塗る)オリーブオイル
(仕上げに塗る)エキストラバージンオリーブオイル

フィリング(例)

- ペスト(p.76を参照)
- トマトペースト(p.76を参照)または上質のトマトピューレにハーブのみじん切りを加えたもの
- オリーブペースト(p.122を参照)
- 香りの強い硬質チーズ(1cm角に切る)
- くるみ
- 高品質のオリーブ(種を取る)

作り方

- スクレイパーの曲線の縁を使って生地をボウルから出し、直線の縁を使って5つに(170gずつに)切り分けます。この5つの生地をそれぞれ棒状にしてからまず半分に、さらに1/3に切り分けます。このようにして30個になった各生地を固くなめらかなボールにし(p.28-29を参照)、縁の平らなベーキングトレイに(膨らんだときにくっつかないように)間隔を十分に空けて並べ、表面にオイルを薄く塗って15分寝かせます。それから人差し指か木のスプーンの持ち手に小麦粉をつけて各ボールの上部中央を押し、くぼんだところに好みのフィリングを詰めます。これにふきんをかけて45分発酵させてください。

- ボールを乗せたトレイを余熱したオーブンに入れ、オーブンの中に霧吹きで水を吹きかけ、温度を220℃に下げて8-10分(薄いきつね色になるまで)焼きます。オーブンから取り出したらまだ温かさが残る程度に冷ましてから、表面にエキストラバージンオイルを塗ってください。つやが出るとともに、さらなる風味が加わります。

事前に途中まで焼いておく方法：4分だけ焼いて冷まし、ビニール袋に入れて冷蔵庫に入れておきます。テーブルに出す直前に再び220℃のオーブンに入れ、薄いきつね色になるまで数分焼きます。

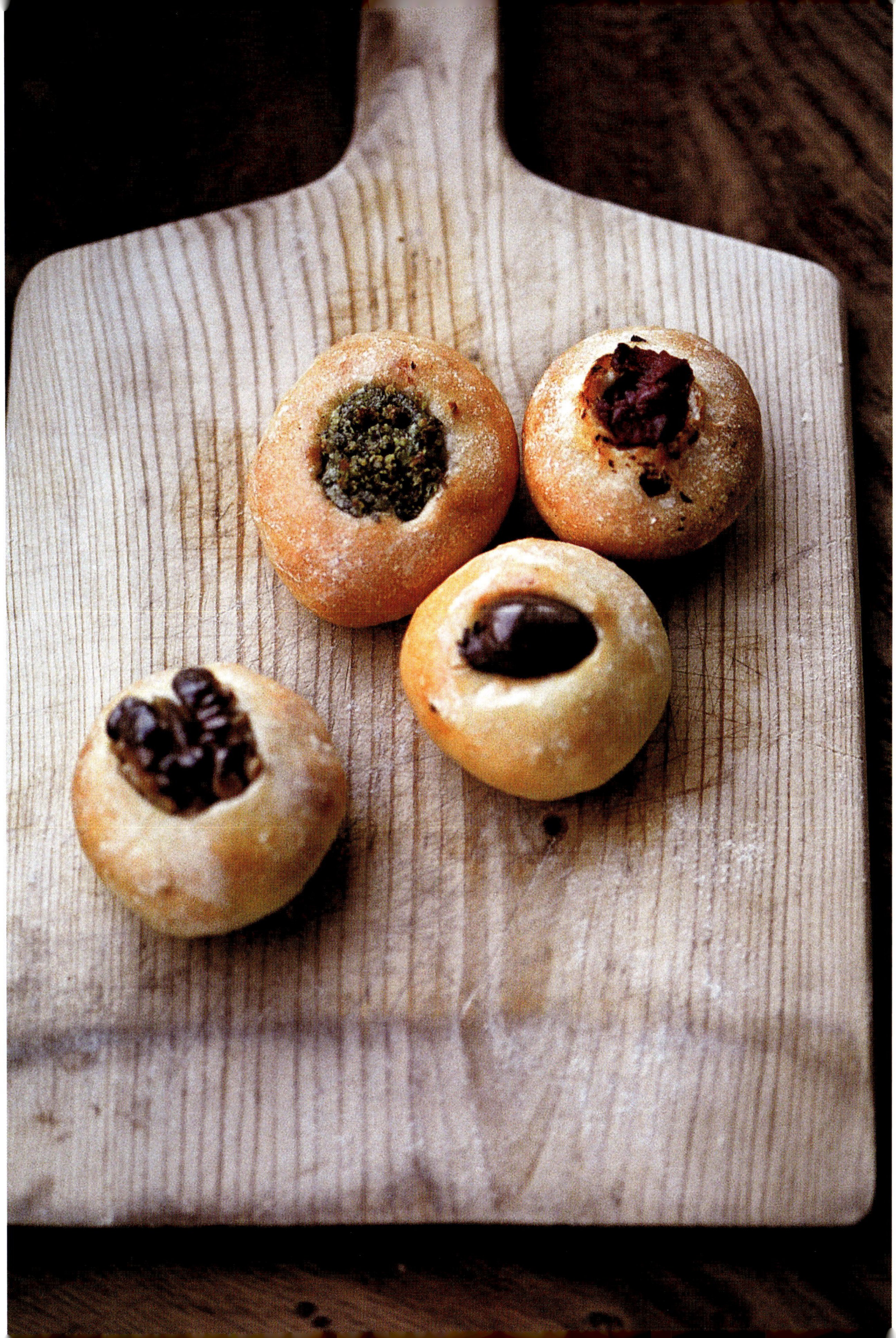

レイヤードロール

　このパンは凝った感じに見えますが、成形の必要がないので作るのはとても簡単です。生地をただ延ばして円形に切り、重ねて焼くだけだからです。シンプルなアイディアですが、2種類の生地を交互に重ねて焼くこともできます。たとえばプレーンの生地とモロッコ風スパイス入りの生地(p.53を参照)やサフランで香りづけした生地(p.63を参照)を組み合わせるといいでしょう。

できあがり数……………………………10-12個
作業時間………………………………………20分
寝かせ時間……………………………………1時間
発酵時間………………………………………45分
焼き時間………………………………10-12分

材 料

1時間寝かせた白い生地(p.33を参照)……………基本量
(振りかける)小麦粉

作り方

● 均一に粉を振った作業台の上に、スクレイパーの曲線の縁を使って生地をボウルから出し、手で少し押しつぶしてから、めん棒で約5mmの厚さに延ばします。

● カッターを使って生地を円形(または正方形)に切り分け、4枚ずつ(表面に水を少しつけて)重ねます。

● 重ねた生地を縁の平らな(または逆さにした)ベーキングトレイに乗せて45分発酵させます。

● 発酵させた生地を余熱したオーブンの中のベーキングストーン(または逆さにしたベーキングトレイ)に移し、オーブンの中に霧吹きで水を吹きかけて扉を閉め、温度を230℃に下げて10-12分(濃いきつね色になるまで)焼きます。オーブンから出したら金網に乗せて冷ましてください。

レモンロール

レモンはパンとの相性が抜群です。レモンの皮の繊細な香りがパンの風味を引き立てるのです。私は夏にレモンロールを大きなボウル1杯のサラダと一緒に食べるのが大好きです。また、このパンはスモークサーモンを挟んで食べるのにも向いています。もちろんレモンを使わなければ、ごくシンプルなロールパンを作ることができます。

できあがり数	9-10個
作業時間	20分
寝かせ時間	65分
発酵時間	1時間
焼き時間	9-10分

材料

白い生地(p.33を参照) ....基本量
レモンの皮 大2個分
(振りかける)小麦粉

下準備

働きかけたあとの生地(またはミキサーで混ぜたあとの生地)にレモンの皮を加えて生地に均一に混ぜ込みます。それから生地をボール形に整え(p.25を参照)、軽く粉を振ったボウルに入れて1時間寝かせます。

作り方

● 軽く粉を振った作業台の上に、スクレイパーの曲線の縁を使って生地をボウルから出し、9個か10個に切り分けてそれぞれをボールにします(p.28-29を参照)。これにふきんをかけて5分寝かせてから、それぞれをロールにしてください(p.30を参照)。それからトレイに清潔なふきんを敷いて軽く粉を振り、ふきんの短いほうの端に平行にロールをまず2つ(合わせ目を下にして)置き、ふきんに仕切るためのひだを作ってから次の2つを置き、再び仕切るためのひだを作ります。これを繰り返してすべてのロールをトレイに置いたら、もう1枚のふきんで全体を覆い、温かく風のない場所で1時間(ロールが2倍弱に膨らむまで)発酵させます。

● ロールを木製ピール(または縁の平らなベーキングトレイ)に乗せ、かみそりの刃(またはよく切れるナイフ)で各ロールの上面に葉脈模様の切り込みを入れます(中央に1本切り込みを入れ、そこから枝が出るように両側に短い切り込みを3本ずつ入れます)。それからロールを余熱したオーブンの中のベーキングストーン(または逆さにしたベーキングトレイ)に移し、オーブンの中に霧吹きで水を吹きかけ、温度を220℃に下げて9-10分(きつね色になるまで)焼きます。

冷凍する場合：220℃のオーブンで5-6分焼き、完全に冷ましてから冷凍します。食べるときは冷凍のまま210℃のオーブンで8-10分(きつね色になるまで)焼きます。

ごまとアニスの
スティックパン

　私がこれを作るのはごまが大好きだから、そしてアニスが大好きだから、ただそれだけです。アニスが大好きなのはたぶん戸外でパスティス（アニス風味のリキュール）を飲んだ楽しい記憶があるからなのですが、いずれにしても、この小さなスティックパンはお酒とよく合うと思います。このレシピでは白い生地を基本量の半分しか使わないので、私はよく残りの半分を使ってオリーブとハーブとペコリーノのスティックパン（p.50を参照）を作ります。これらのスティックパンはイタリアのスティックパン（グリッシーニ）と比べると少しどっしりとしていて、よりパンらしいパンです。私はこのように軟らかくて弾力のあるスティックパンが好きですが、焼き時間を長くすることで、もっとカリッとさせることもできます。

できあがり数	10-12本
作業時間	20分
寝かせ時間	1時間
発酵時間	20分
焼き時間	8-10分

材料

1時間寝かせた白い生地
　（p.33を参照）......................基本量の1/2
スターアニス（八角）..........................5個
　（またはスターアニスパウダー　5g）
ごま..50g
（振りかける）小麦粉

下準備

スターアニスをすり鉢ですってふるいにかけ、トレイの上でごまと混ぜます。

作り方

● 軽く粉を振った作業台の上に、スクレイパーの曲線の縁を使って生地を出し、手で押し延ばして約15×30cmの長方形（厚さは約1cm）にします。それから生地の表面に種ミックス（スターアニスとごまを混ぜたもの）を少し散らして指先で軽く生地に押し込んでください。続いて生地の端から1/3を内側に折って指先で下に押し、再び種ミックスを散らしてから、反対の端から1/3も折って下に押します（A4サイズの便箋を封筒に入れるために3つ折りにする要領です）。それからさらに種ミックスを散らして指先で軽く生地に押し込みます。この生地をスクレイパーの直線の縁を使って横に約1cm幅に（10-12本に）切り分け、それぞれをねじりながらベーキングトレイの幅に合わせて延ばし、残っている種ミックスの上で転がします。これらをベーキングトレイに間隔を空けて並べ、ふきんをかけて20分発酵させてください。それから余熱したオーブンに入れ、オーブンの中を霧吹きで湿らせ、8-10分（きつね色になるまで）焼きます。

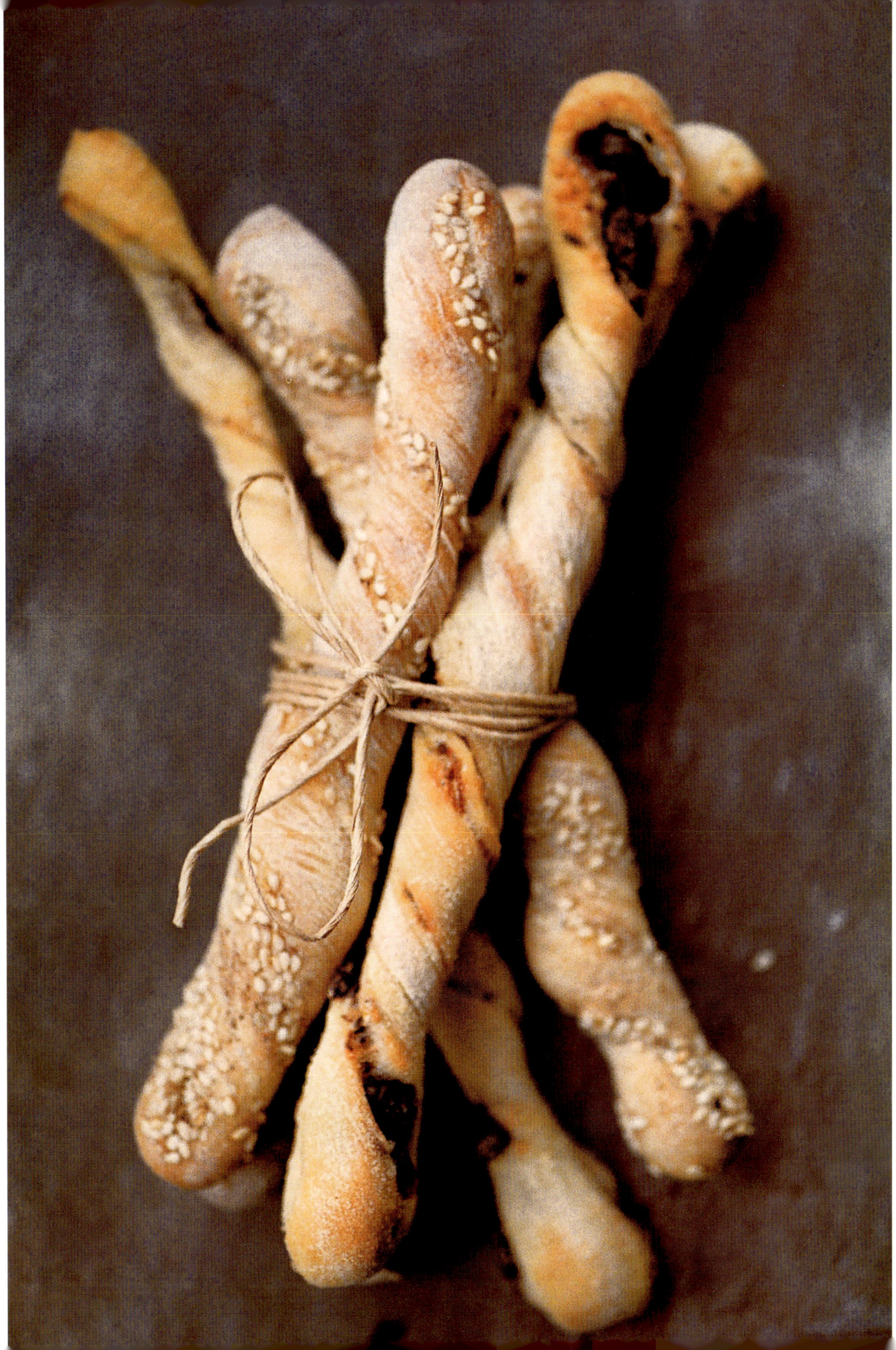

オリーブとハーブと
ペコリーノのスティックパン

　私はこのスティックパンの地中海南部風の味わいが大好きです。教室で大人気のパンでもあり、ランチのテーブルやバーベキューでとてもおしゃれに見えるパンでもあります。私はこれを作るのにギリシャ産の紫色のカラマタオリーブを使いますが、似たような別のオリーブを使ってもかまいません。ただし安物の黒くてかてか光ったオリーブは避けてください。あれは本当はグリーンオリーブで、酸素を当てて黒くし、コーティング剤でつやを出したものなのです。また、オリーブは丸のままのものを買ってきて自分で種を取って使うようにすると、風味をあますところなく味わうことができます。私はこのパンにラベンダー入りのエルブ・ド・プロヴァンス（プロヴァンス風のハーブミックス）を使うこともあります。ただ、それはあくまで私の好みであり、ラベンダーの味は慣れないとおいしいと感じない人が多いのも事実です。このスティックパンは好みにより、高品質のエキストラバージンオイルをつけて食べてもいいでしょう。

できあがり数	10-12本
作業時間	20分
寝かせ時間	1時間
発酵時間	30分
焼き時間	10-12分

材料

1時間寝かせた白い生地(p.33を参照)	基本量の1/2
種つきの紫オリーブ(カラマタオリーブなど)	100g
ペコリーノチーズ(またはパルメザンチーズ)(おろす)	50g
上質のエルブ・ド・プロヴァンス	5g
(振りかける)とうもろこし粉	

下準備

　オリーブの種を取って1粒を3つくらいずつに分け、ボウルの中でチーズとハーブと合わせておきます。

作り方

- 軽くとうもろこし粉を振った作業台の上に、スクレイパーの曲線の縁を使って生地を出し、手で押し延ばして約2cmの厚さの長方形にします。それから生地の表面にオリーブチーズミックス(オリーブとチーズとハーブを合わせたもの)を散らして指先で生地に押し込んでください。続いて生地の端から1/3を内側に折って指先で下に押し、反対の端から1/3も折って下に押します(A4サイズの便箋を封筒に入れるために3つ折りにする要領です)。それから両手のひらを使って生地を押し、さらにしっかりとオリーブを生地に入れてください。この生地をスクレイパーの直線の縁を使って横に約1cm幅に(10-12本に)切り分け、作業台にとうもろこし粉を振り、切り分けた生地をねじって作業台の上で少し転がしながら、ベーキングトレイの幅に合わせて延ばします(ベーキングトレイはチーズがくっつかないように焦げ付き防止加工のものを使うか、クッキングシートを敷いてください)。これらをベーキングトレイに間隔を空けて並べ、ふきんをかけて30分発酵させてください。それから余熱したオーブンに入れ、オーブンの中を霧吹きで湿らせ、10-12分(きつね色になるまで)焼きます。焼き上がったパンはへらかパレットナイフでベーキングトレイから剥がし、金網に乗せて冷まします。

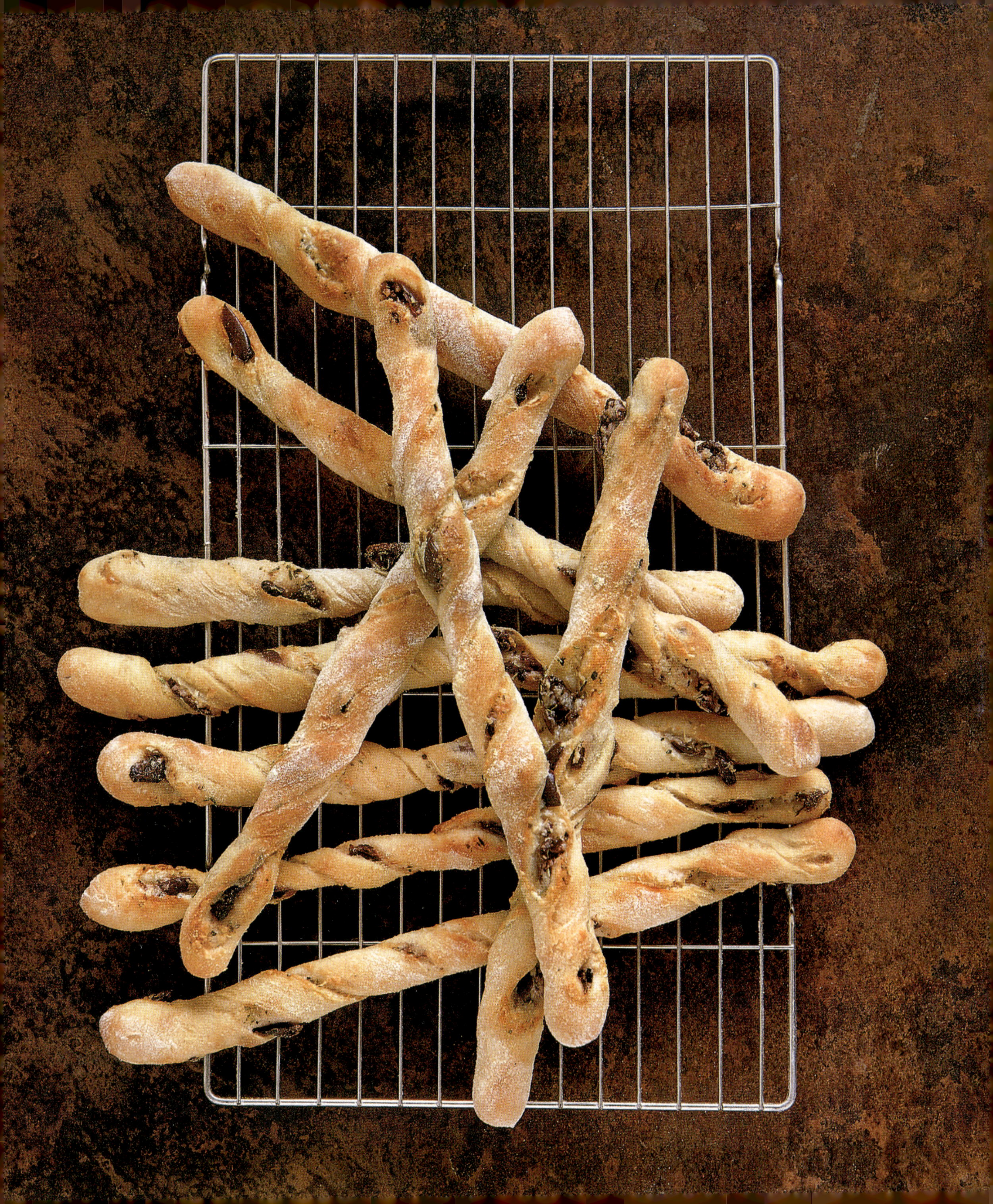

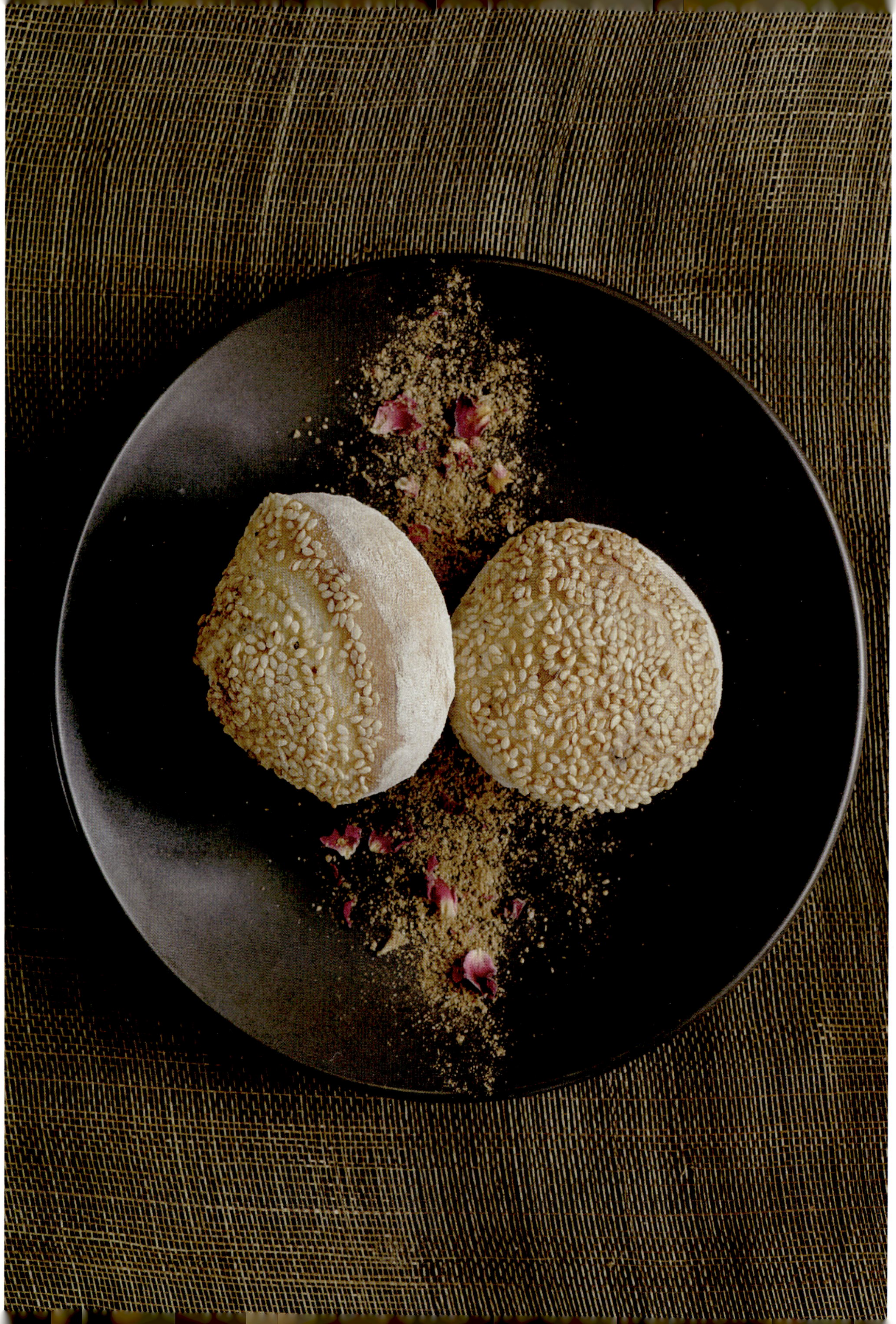

モロッコ風スパイシーロール

　ある日、モロッコの伝統的なスパイスミックス「ラスエルハヌート(ラゼラヌー)」を買ってきて、試しにパンの生地に入れてみました。すると、そのシナモン、ナツメグ、ターメリック、カルダモン、ブラックペッパー、クローブの混ざったような香りは私の期待を裏切らず、パンを見事においしくしてくれました。モロッコというと思い出すのがあのかぼちゃ形のクッションです。ですからこのパンはあのクッションの形にすることにしました。モロッコ風のスパイスを使うタジンなどの料理には、ぜひそれにぴったりのこのパンを添えてください。

できあがり数	20個
作業時間	20分
寝かせ時間	45分
発酵時間	30-45分
焼き時間	10-12分

材料

白い生地(p.33を参照)	基本量
モロッコ風スパイスミックス(ラスエルハヌート)	25g
ごま	100g
(振りかける)小麦粉	

下準備

　生地に手で働きかける作業(または生地をミキサーで混ぜる作業)の最後にモロッコ風スパイスミックスを加えて生地に均一に混ぜ込みます。それから生地をボール形に整え(p.25を参照)、ふきんをかけて45分寝かせます。

作り方

● 軽く粉を振った作業台の上に生地を出し、手のひらで軽く押し延ばします。

● 生地を2等分してそれぞれを(p.28の折るテクニックを用いて)棒状にしてから輪切りにして10等分し(大きなマシュマロのようになります)、それぞれの片方の切断面にまず水を塗り、続いてその面をごまを入れたボウルにつけます。

● ごまをつけた合計20個の生地にふきんをかけ、30-45分(2倍弱に膨らむまで)発酵させます。

● 余熱したオーブンの中に霧吹きで水を吹きかけ、生地をベーキングストーン(または逆さにしたベーキングトレイ)に移し、10-12分(薄いきつね色になるまで)焼きます。オーブンから取り出したら金網の上で冷ましてください。

DOUGH　パン生地

バゲット

　フランスでは「バゲット」という言葉に厳密な定義があります。バゲットは320gでなければならず、表面の切り込みは(「ル・パン」が5本であるのに対し)7本でなければなりません。切り込みの目的は外皮を開かせて見た目と食感をよくすることです。また、パン職人はそれぞれが独自の方法で切り込みを入れます。バゲットの切り込みは工房の誰もが識別できるその職人の「サイン」なのです。とはいえ、私たちはルールにこだわる必要はありません。初めは小さなバゲットを作ってみましょう。大切なのは生地をできるだけきつく(固く)しっかりと成形すること、また、焼く直前にオーブンの中を霧吹きで湿らせることです。こうした細かいことが、おいしいバゲットに必要な厚い外皮の形成につながるのです。フランス人にはバゲットの焼き加減にそれぞれの好みがあります。私自身はイギリスでよく見かけるような白っぽく風味の少ないものでなく、外皮がしっかりときつね色に焼けたものが好きです(かなり濃く焼けている「ビアンキュイ(ウェルダン)」タイプを好む人もいます)。生地を1時間以上寝かせると、気泡がたくさんできて中が軽く仕上がります。

　バゲットを作るときはいつも生地の一部を取っておき、次に生地を作るときに混ぜるようにしてください。そうすると回を重ねるごとに風味が増していきます(p.26を参照)。

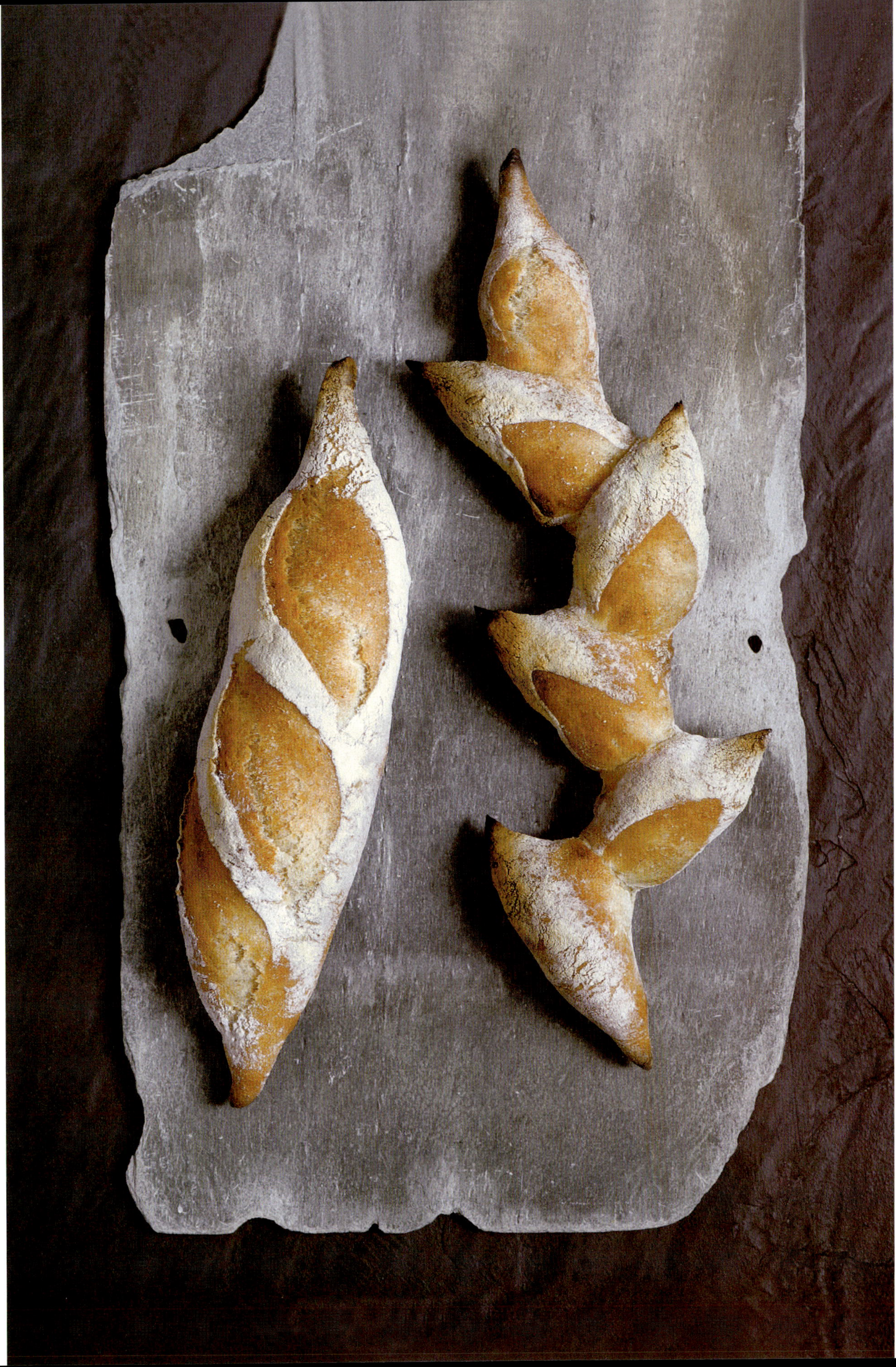

できあがり数	大きなバゲット4個 または小さなバゲット8個
作業時間	20分
寝かせ時間	65分
発酵時間	45-60分
焼き時間	10-12分

材料

1時間寝かせた白い生地(p.33を参照)..................基本量
(振りかける)小麦粉

下準備

ベーキングトレイに軽く小麦粉を振ったふきんを敷いておきます。

作り方

- 軽く粉を振った作業台の上に、スクレイパーの曲線の縁を使って生地を出し、スクレイパーの直線の縁を使って、大きなバゲットを作るなら4等分(1つ約215gに)、小さなバゲットを作るなら8等分(1つ約110gに)します。それからそれぞれをボールにし(p.28-29を参照)、さらに5分寝かせます。

- 作業台に再び軽く粉を振ってバゲットを成形します。各ボールを、丸みのあるほうを下にし、手の付け根で押し延ばして楕円のような形にします。それから生地の端を中央に向けて折って手の付け根か親指で押して合わせ目をとじ、反対側の端も同様に折って合わせ目をとじてください。このように折ったり押したりを繰り返すことにより、生地は鍛えられて腰を増していきます。最後に縦半分に折って合わせ目をとじて長い棒状にし、少し転がして形を整え、長さをベーキングトレイの長さに合わせて延ばします。

- ベーキングトレイにふきんを敷き、そこにバゲットを並べます。このときバゲットとバゲットの間を仕切るようにふきんでひだを作ってください(膨らんだときにくっつくのを防ぐためです)。これをもう1枚のふきんで覆い、45-60分(2倍弱に膨らむまで)発酵させます。

白い生地　57

● バゲットをごく軽く粉を振った木製ピール（または縁の平らなベーキングトレイまたは逆さにしたベーキングトレイ）の上に乗せ、かみそりの刃（またはよく切れるナイフ）で表面に斜めの切り込みを5-6本入れます。素早くきれいに入れるようにし、生地を引っ張らないよう気をつけてください。

● 焼くときに適度な蒸気があったほうが外皮がカリっと仕上がるので、余熱したオーブンの中にまず霧吹きで水を吹きかけ、それから素早くオーブンの中のベーキングストーン（またはベーキングトレイ）にバゲットを移し、再び霧吹きで水を吹きかけてすぐに扉を閉め、10-12分（外皮がほどよいきつね色になるまで）焼いてください。扉は一度閉めたら外皮の形成に必要な熱を逃さないように、最初の4-5分は開けないでください。

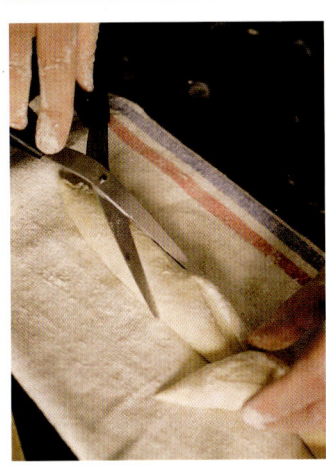

バリエーション：エピ

　フランスのパン屋で必ず見かけるパンです。エピは普通のバゲットより表面積が大きいので、よりカリっとしています。また、「穂」をちぎって取りやすいので、テーブルの真ん中に置いてみんなで食べるのに適しています。

　作り方は、軽く粉を振った木製ピール（または縁の平らなベーキングトレイ）に生地を乗せるところまでは普通のバゲットと同じです。そのあと、はさみを生地の上部に45度の角度で当て、端から順に数箇所を切っていきます（全体の厚みの3/4くらいの深さまで切ります）。それからV字の切り口の尖った部分を交互に両側に向けて小麦の穂のような形にしてください。焼くときの蒸気の入れ方も焼き時間も普通のバゲットと同じです。

グリュイエールチーズと
クミンのパン

クミンは私の大好きなスパイスの1つです。クミンの温かい感じがグリュイエールチーズと見事に調和すると思うのです。私はパン・ド・ミー(p.64を参照)の代わりにこのパンをスライスしてクロックムッシュを作るのも大好きです。

できあがり数	ローフ3個
作業時間	20分
寝かせ時間	1時間半
発酵時間	1時間-1時間半
焼き時間	15-20分

材料

1時間寝かせた白い生地(p.33を参照)	基本量
クミンシード	2g(小さじ1/2弱)
クミンパウダー	2g(小さじ1/2弱)
グリュイエールチーズ(粗くおろす)	250g
(振りかける)小麦粉	
(型に塗る)バター	

下準備

500gサイズ(長さ20-22cm)のローフ型3個にバターを塗るかクッキングシートを敷きます。

作り方

- 軽く小麦粉を振った作業台の上に、スクレイパーの曲線の縁を使って生地を出し、手のひらで生地を押しつぶして約1cmの厚さにします。それから生地の表面にまずクミンシードとクミンパウダーを混ぜたものを、次にチーズを散らし、それらを指で生地の中に押し込みます。続いて生地の端から1/3を内側に折り、反対の端から1/3も折って重ね、さらに押してチーズを生地全体に均一に広げます。それから生地をボール形に整え(p.25を参照)、さらに30分寝かせます。

- 生地を3等分し、それぞれをローフにして(p.31を参照)準備した型に入れ、かみそりの刃(またはよく切れるナイフ)で上面に斜めの切り込みを4-5本入れます。それからふきんをかけ、1時間から1時間半(2倍弱に膨らむまで)発酵させます。発酵にかかる時間は室温によって違ってきます。

- 余熱したオーブンに型を入れてオーブンの中を霧吹きで湿らせてから、温度を210℃に下げて15-30分(上面がきつね色になるまで)焼きます。それからローフを型から出して底の部分もきつね色になっているか確認し、なっていれば焼き上がりです。まだの場合は型に入れずにオーブンに戻し、さらに数分焼いてください。焼き上がったら金網に乗せて冷まします。

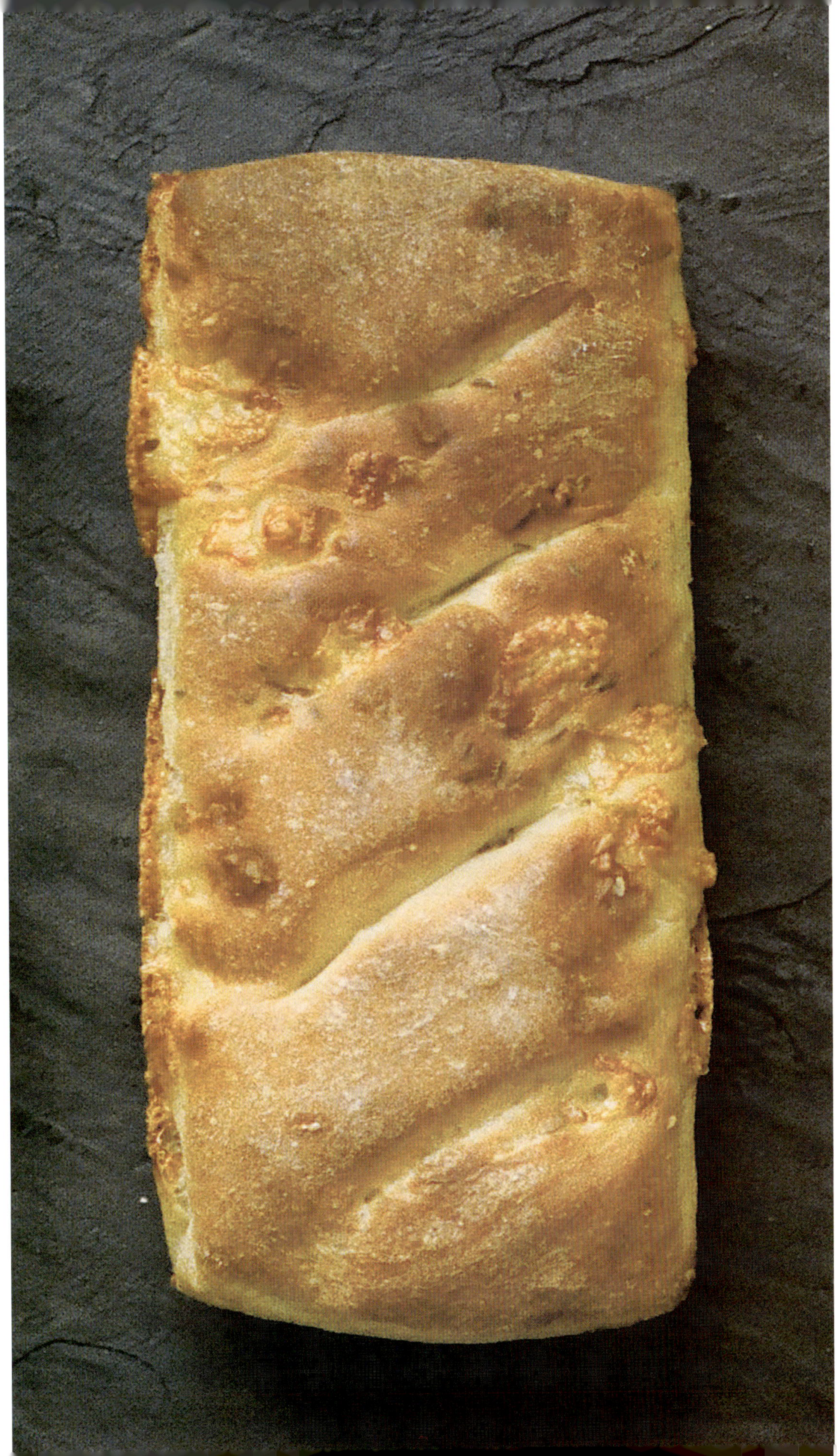

パン・ファソン・ボーケール

　本物のパン・ボーケール(「パン・ファソン・ボーケール」は「ボーケール様式のパン」の意)はコートダジュール発祥のパンで、地元産の特別な小麦粉を使って作ります。このバージョンでは普通の白い生地を使いますが、生地の折り方は本物と同じで、見た目がとてもおしゃれです。このパンは成形の必要がなく作るのがとても簡単なので、一度覚えたら頻繁に作るようになる人が多いようです。やがてパン・ド・カンパーニュ(p.132を参照)を自信を持って作れるようになったら、パン・ド・カンパーニュの生地をこのパンのように折って焼いてみるのもお勧めです。

できあがり数……………………………8個
作業時間………………………………20分
寝かせ時間……………………………1時間
発酵時間………………………………30分
焼き時間……………………………10-12分

材 料

1時間寝かせた白い生地(p.33を参照)……………基本量
(振りかける)とうもろこし粉または全粒小麦粉
(振りかける)小麦粉

作り方

- スクレイパーの曲線の縁を使って生地をボウルから出し、手のひらで押し延ばして長方形にし、表面に少量の水を塗ってから、とうもろこし粉または全粒小麦粉を振りかけます。それから生地を縦に、端が反対の端の3cm手前に来るように折り、その3cm幅の部分に水を塗り、重ねて折って合わせ目を押してとじます。

- 作業台の上にふきんを敷いてその上に小麦粉をたっぷりと振り、その上に生地を合わせ目を下にして置き、生地の表面にも小麦粉を振ります。これをもう1枚のふきんで覆い、温かく風のない場所で30分(2倍弱に膨らむまで)発酵させます。

- 刃がぎざぎざのよく切れるナイフを使って生地を3cm幅の輪切りにし、切り口を上にしてベーキングトレイに並べ、丁寧に穴を押し広げます(穴の小さいリングドーナツのような形になります)。それから余熱したオーブンに入れ、10-12分(きつね色になるまで)焼きます。

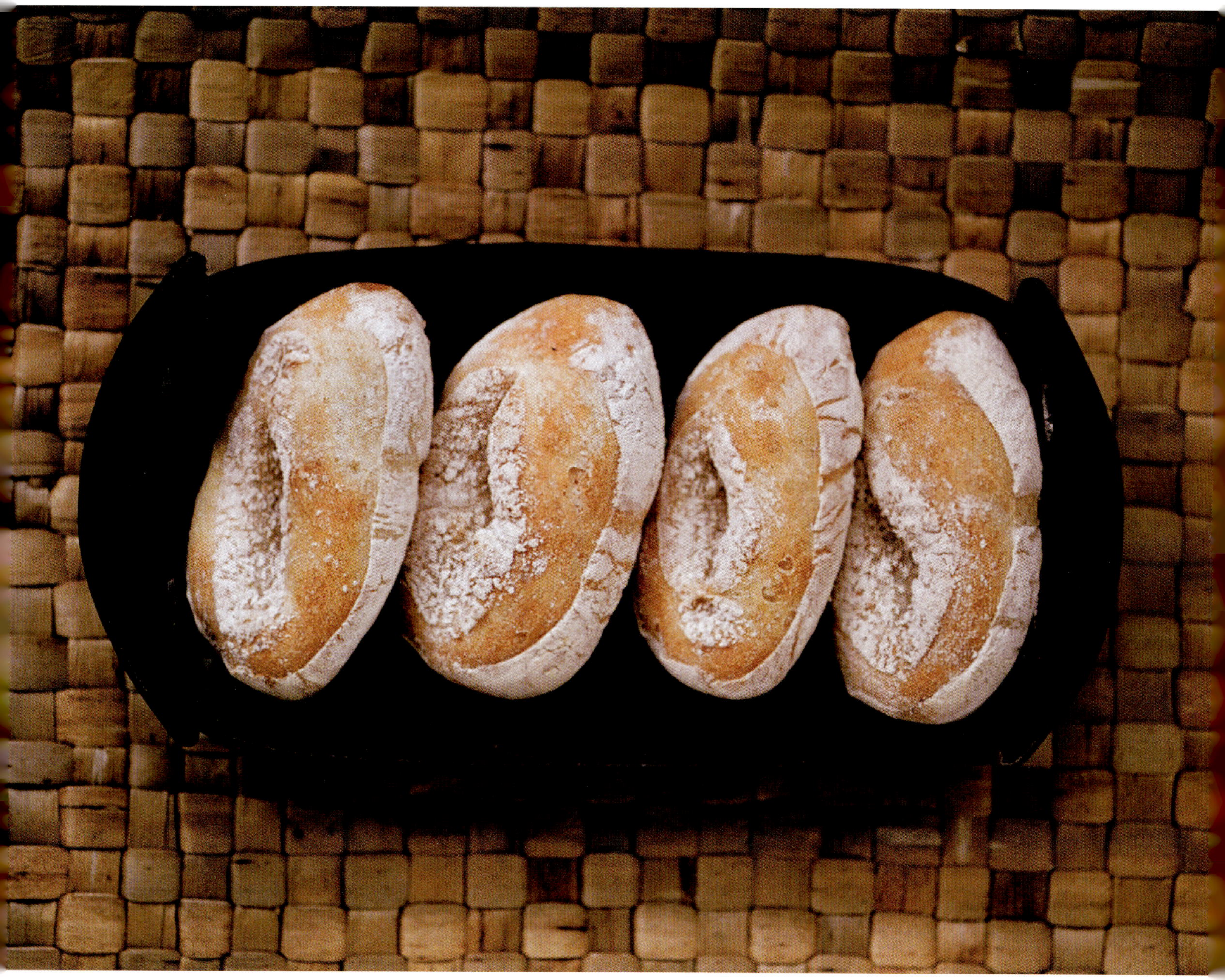

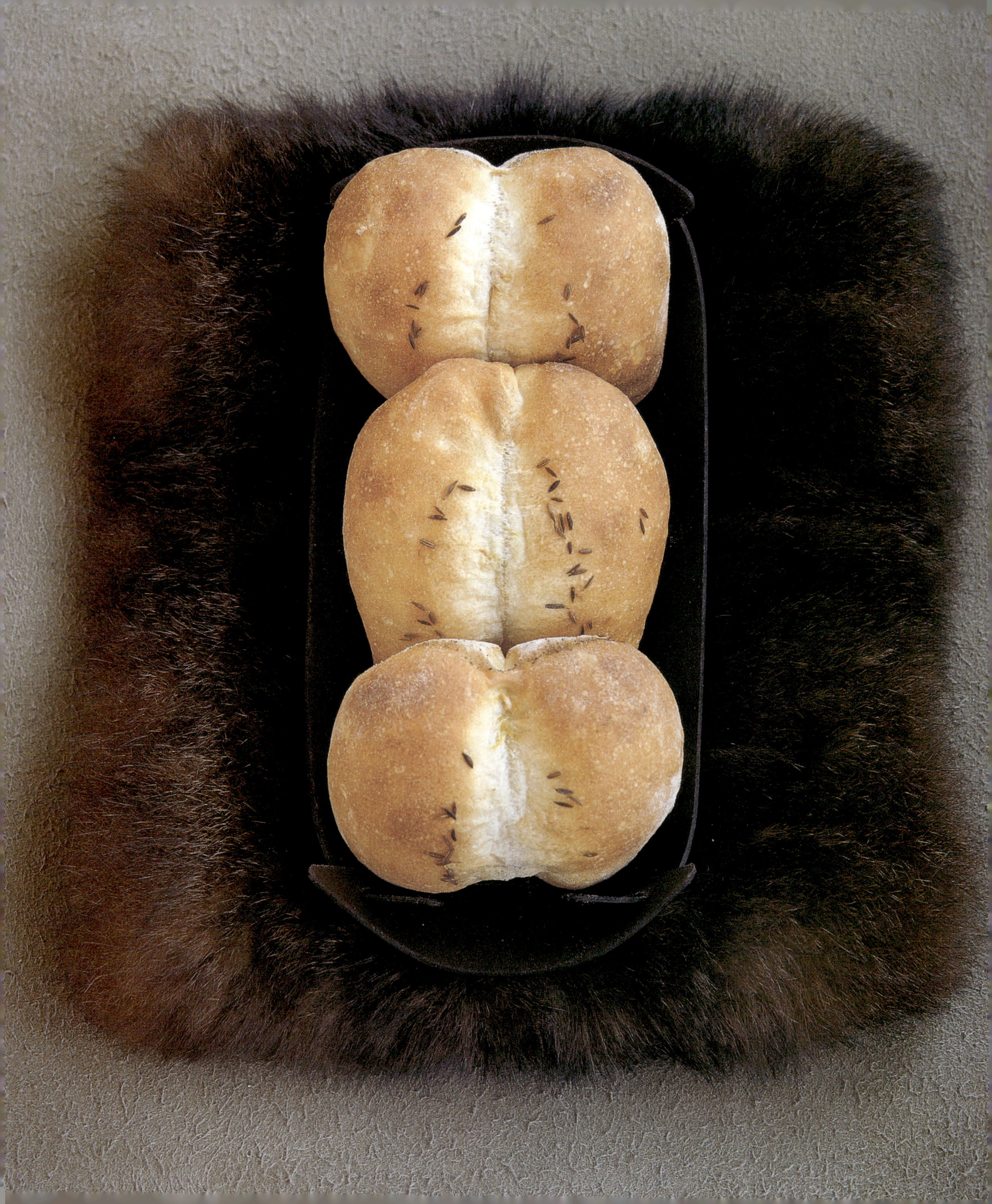

サフランロール

　サフラン（クロッカスの一種のめしべを乾燥させたもの）も贅沢で華やかな材料の1つです。使いすぎると手に強烈な香りと黄色い色がつきますが、控えめに使えばパンに優しく繊細な味わいを加えることができます。このパンは魚介のチャウダーやブイヤベースとよく合い、かにやえびとマヨネーズのサンドイッチを作るのにも向いています。できれば粉状でなく糸状のサフランを使ってください。そのほうが見た目もおしゃれで風味も豊かなパンに仕上がります。

できあがり数	9個または10個
作業時間	20分
寝かせ時間	1時間
発酵時間	45分
焼き時間	12分

材料

白い生地（p.33を参照）	基本量
糸状のサフラン（なければ粉状でも可）	1つまみ
クミンシード	少々
（振りかける）小麦粉	

下準備

　生地に使う水に糸状または粉状のサフランを入れておきます。それから普通に生地を作り、1時間寝かせます。
　ベーキングトレイにふきんを敷き、その上に小麦粉を振っておきます。

作り方

● スクレイパーの曲線の縁を使って生地をボウルから出し、手のひらで押し延ばして長方形にします。次に生地の端から1/3を内側に折って指先で下に押しつけてから、反対の端から1/3も同様に折って重ねます（A4サイズの便箋を封筒に入れるために3つ折りにする要領です）。それからスクレイパーの直線の縁を使って生地を9等分か10等分（1つが90-100gくらいになるように）し、それぞれをボールにして（p.28-29を参照）上面に粉を振り、中央に粉を振っためん棒をしっかりと押しつけてください。押されてくぼんだ部分の両側が盛り上がってコーヒー豆のような形になります。

● このロールをふきんを敷いたベーキングトレイに2列に置き、並んだ2個と2個の間にふきんでひだを作ります。これをもう1枚のふきんで覆い、45分発酵させます。

● ロールの表面にクミンシードを散らします。それから余熱したオーブンの中のベーキングストーン（または逆さにしたベーキングトレイ）にロールを移し、オーブンの中を霧吹きで湿らせ、温度を220℃に下げて12分焼きます。焼き上がったら金網に乗せて冷ましてください。

パン・ド・ミー／普段のローフ

　これはフランスで売られているパン・ド・ミーに近いパンで、ミルクとバターを加えて少しこってりさせた白い生地で作ります。パン・ド・ミーはフランスでは数少ない型に入れて焼くパンの1つです。「ミー」はパンの「身」の部分の意味ですが、それはこのパンで大切なのは「クルート」（外皮）でなく「ミー」だからです。このパンは伝統的に、カナッペや小さなトーストなどカリっとした外皮が不要なものに使われてきました。ですから、このパンを作るときは、硬い外皮が形成されないように、蓋つきの型があればそれを、なければベーキングトレイを蓋代わりに使ってください。このパンはクロックムッシュに使われる代表的なパンでもあります（クロックムッシュはグリュイエールとクミンのパン〈p.58を参照〉やパン・ヴィエノワ〈p.154を参照〉でも作ることができます）。クロックムッシュはフランスの子どもが必ず食べて育つ軽食で、スライスしたパン2枚にベシャメルソース（p.150を参照）を薄く塗ってハムを挟み、上にさらにベシャメルソースをたっぷり塗って、おろしたグリュイエールチーズを乗せ、余熱した200℃のオーブンで12分ほど（チーズが溶けて黄金色になるまで）焼いたものです。これが本当においしいのです！

　私はパン・ド・ミーをサマープディングを作るのにも使います。サマープディングは私の大好きなイギリスのデザートです。妻と私はこのデザートを自分たちに結婚式のメニューにも加えました。

できあがり数	ローフ2個
作業時間	20分
寝かせ時間	1時間
発酵時間	1時間
焼き時間	25-35分

材料

無塩バター	10g
生酵母	20g
強力小麦粉	500g
塩	10g
牛乳（低脂肪でないもの）	50g(50ml)
水	300g(300ml)
（型に塗る）バター	
（振りかける）小麦粉	

下準備

　500gサイズ（長さ20-22cm）のローフ型2つにバターを薄く塗ります。

　オーブンを250℃に余熱します。p.22-25の手順にしたがって生地を作ります。ただし小麦粉に酵母を加えるときにバターも一緒に加え（両方を一緒にこすります）、水を加えるときに牛乳も一緒に加えてください。寝かせる時間は1時間です。

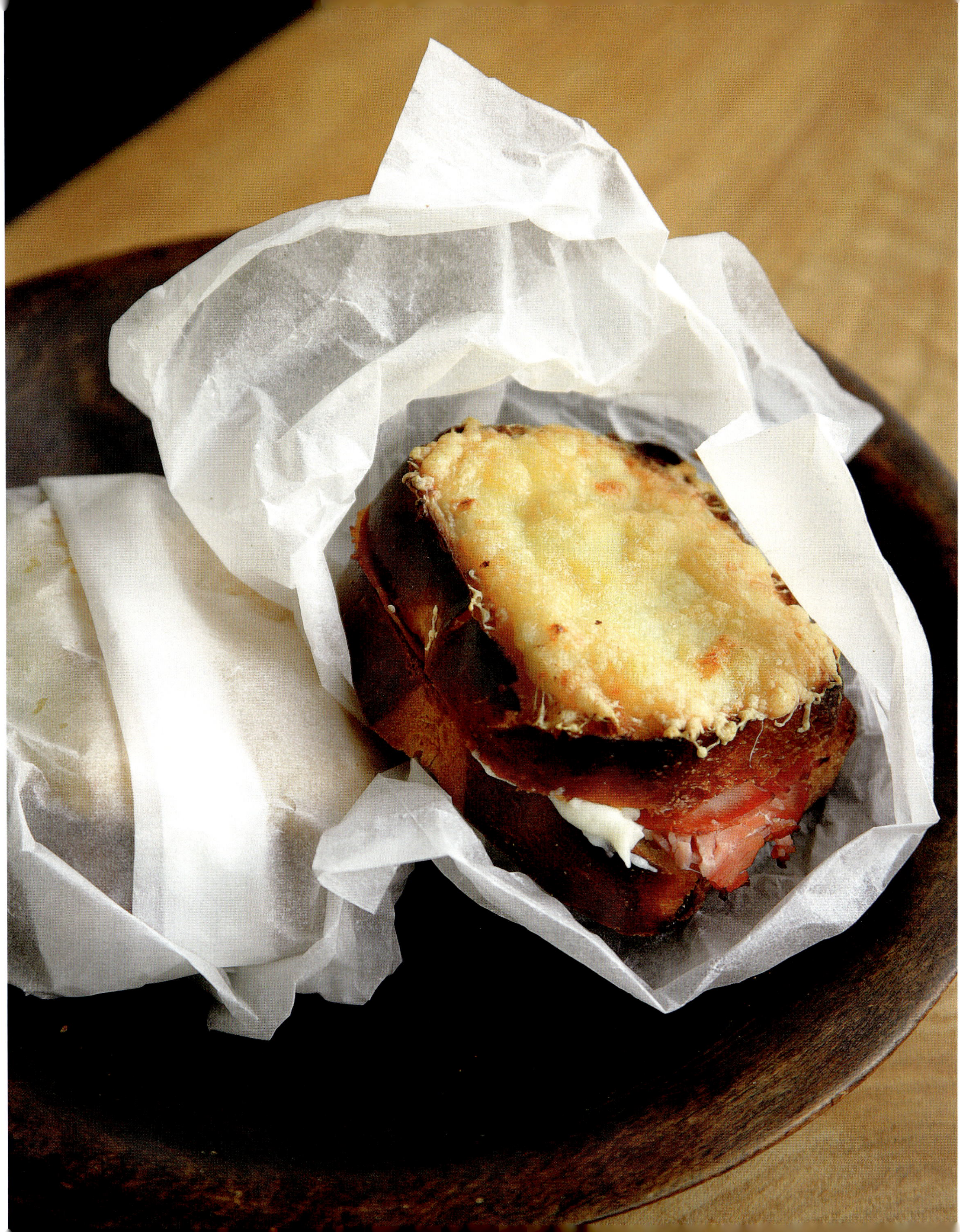

作り方

- 軽く粉を振った作業台の上に、スクレイパーの曲線の縁を使って生地を出し、2等分してそれぞれをしっかりと固いローフにしてください(p.31を参照)。

- ローフをそれぞれ型に入れ、温かく風のない場所で1時間発酵させます。その間ときどきチェックして生地が型の縁の高さまで膨らんだら、蓋をするか重いトレイを乗せてそれ以上上に膨らまないようにしてください。

- 余熱したオーブンに型を入れて温度を220℃に下げ、型に蓋をした状態で20-25分、蓋を取って4-5分(薄いきつね色になるまで)焼きます。焼き上がったローフは型から出して冷ましてください。

サマープディング(4-6皿分)

　少し古くなったパン・ド・ミーを1.5cm厚さに6-8枚スライスし、外皮(耳)を取り除きます。それから2-3枚を(蓋用に)取り分けておき、残りをプディング型の底と側面に敷きつめます。型の底と側面を完全に覆うようにしてください(必要に応じてパンを切って型に密着させてください)。

　軟らかいフルーツ600gの茎や種を取り除きます(いちご、ラズベリー、ブラックベリー、レッドカラント、ブラックカラント[カシス]、スイートブラックチェリーなどの中からできるだけたくさんの種類を使ってください。ただしブラックカラントはほかのフルーツの味を消しやすいので、たくさん入れすぎないようにしてください)。

　フルーツを底の厚い大きな鍋に入れ、グラニュー糖100gを加えて弱火にかけ、2-3分(砂糖が溶け、フルーツが軟らかくなって果汁が出始めるまで)煮ます。火から下ろしたら大さじ3-4杯の果汁を取り分けておき、フルーツと残りの果汁をパンを敷きつめたプディング型に入れ、取り分けておいたパンで蓋をします。それから型に平皿で蓋をし、その上に重し(缶や瓶など)を乗せて冷蔵庫で6時間から1晩冷やします。

　テーブルに出す直前に重しと平皿を取り、型の内側にパレットナイフを指し込んでプディングを剥がし、型にテーブルに出す皿をかぶせてひっくり返してプディングを出します。それから取り分けておいた果汁にクレーム・ド・カシス(ブラックカラントのリキュール)大さじ2を加え、プディングの上からパン全体が浸って色づくように丁寧に注ぎます。

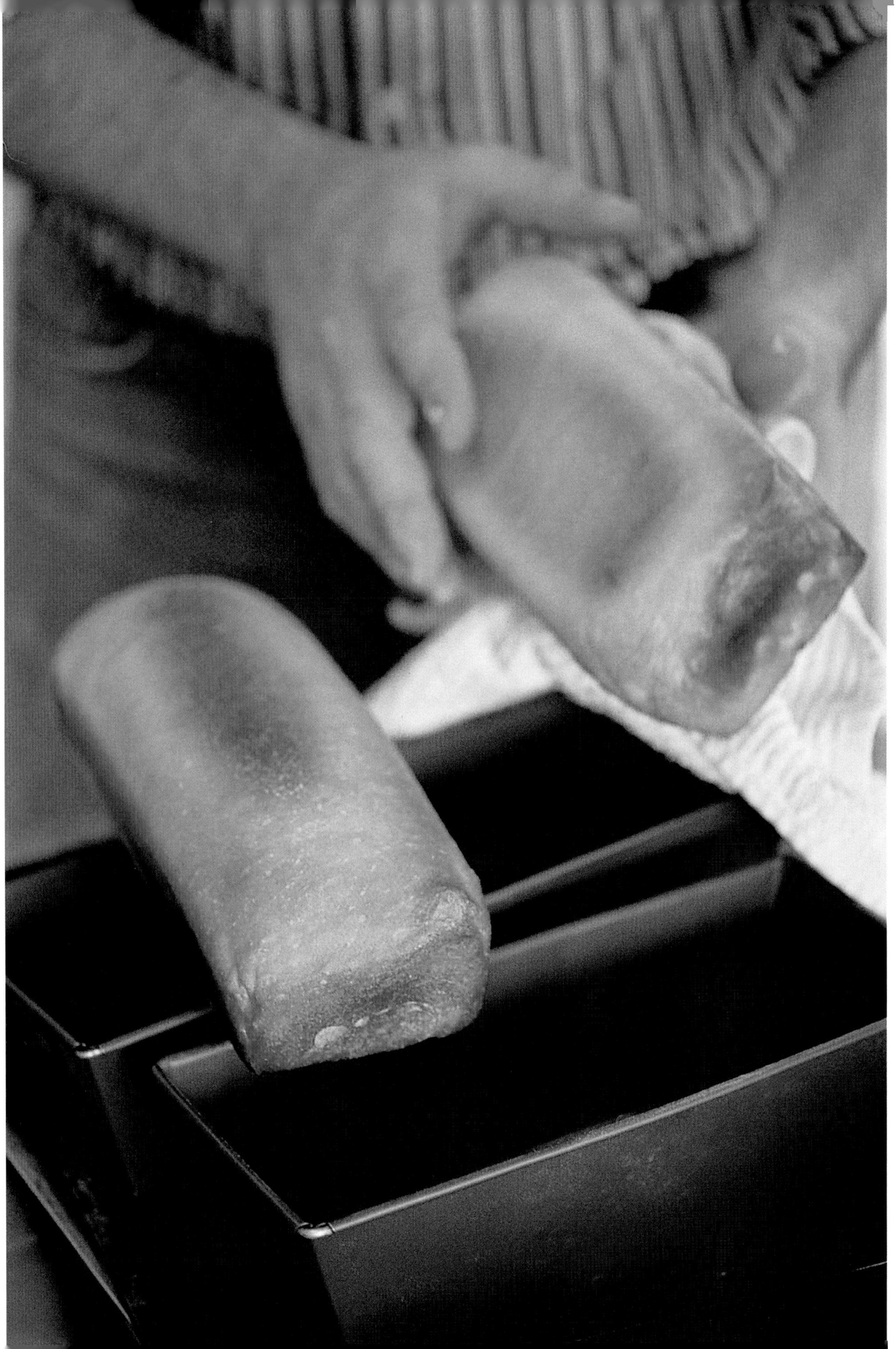

2. オリーブの生地

Olive oil
「オリーブオイル」＝
和らげるもの；貴重なもの

オリーブの生地は基本の白い生地を少し発展させたものです。オリーブオイルを加えると生地が軟らかくなって弾力を増し、その結果として食感と風味に優れ、冷凍しやすいパンができるのです。この章にはとてもおいしいバリエーションとして、アボカドオイルを使うチャバッタのレシピも載せました。

私が好んで生地に使っているのは辛口で濃厚なオリーブオイルでなく、軽くフルーティーなオリーブオイルです。また、パスタ用のセモリナ粉も少し使ってパンに個性を加えるのも私の好みです。オリーブの生地は前の章で作った白い生地より少し水っぽい感じがしますが、働きかけるテクニックをマスターしていれば、生地は見事にまとまります。

生地作りはオーブンを250℃に余熱してから始めてください。

基本量の材料

パン用強力小麦粉	500g
セモリナ粉	20g
酵母(できれば生酵母)	15g
塩	10g
高品質のエキストラバージンオリーブオイル	50g
水	320g

作り方

パン用小麦粉とセモリナ粉を混ぜ、そこに酵母を指先で崩しながら加え、続いて塩、オリーブオイル、水を加えてください。その他はp.22-25の手順にしたがいます。ただしレシピによってはこの段階でほかの材料を加える必要があるので、事前に確認してください。

フラットブレッド
p.82

スープボウル
p.78

パルメザンと
パルマハムと
松の実のパン
p.80

ピザ
p.84

パンチェッタ
とミックス
オリーブの
パン
p.86

チャバッタ
p.88

トマトと
にんにくと
バジルの
パン
p.74

岩塩と
ローズマリーの
フォカッチャ
p.72

岩塩とローズマリーのフォカッチャ

　作るのが簡単で誰からも好まれ、みんなで分け合って食べたい大きなサイズのパンです。フランスのパン職人がバゲットの作り方にそれぞれのスタイルを持っているように、イタリアのパン職人はフォカッチャの作り方にそれぞれのスタイルを持っています。私はこのレシピがイタリアの正統的なフォカッチャのレシピだと偽るつもりはありません。これはイタリア風のおいしいパンを作る私なりの方法です。

できあがり数……………………………………1枚
作業時間………………………………………20分
寝かせ時間……………………………2時間15分
焼き時間…………………………………25-35分

材 料

1時間寝かせたオリーブの生地(p.69を参照)……….基本量
オリーブオイル …………………………大さじ4+トレイに塗る分
フレッシュローズマリー(葉のみ)…………………小枝数本分
上質の岩塩

作り方

- オリーブオイルを塗ったトレイの上に、スクレイパーの曲線の縁を使って生地を出します。それから生地の表面にオリーブオイルを塗り、生地を指先で(引っ張って延ばすのでなく)つつきながらトレイの端まで広げてください。それからふきんをかけ、温かく風のない場所で45分寝かせます。

- 再び生地を指先でつついて全体にくぼみをつけ、さらに30分寝かせます。

- ローズマリーを生地全体に均一に押し込みます。それから全体に岩塩を振ってすぐに余熱したオーブンに入れ、温度を220℃に下げて20-30分(薄いきつね色になるまで)焼きます。オーブンから取り出したら金網に乗せ、冷めないうちに表面にさらに少しオリーブオイルを塗ります。

バリエーション：ペストとオリーブとペパーデューのフォカッチャ
　ペパーデューはピリッと辛いけれど甘味もあるマイルドな唐辛子で、瓶詰めにして売られています。もっと辛いほうが好みならレッドチリ(赤唐辛子)を使ってください。作り方は岩塩とローズマリーのフォカッチャと途中までは同じですが、岩塩とローズマリーをトッピングする代わりに、まずミニトマト20個をそれぞれ2等分し、ペパーデューを汁を切って指で細かくちぎり、カラマタオリーブ一握りの種を取ってください。それからフレッシュペスト(p.76を参照)大さじ4を指先を使って生地の表面に均一に広げ、その上にペパーデュー、トマト、オリーブの順に乗せていき、これらすべてを軽く生地に押し込んでから45分発酵させます。焼き方も仕上げのオイルの塗り方も岩塩とローズマリーのフォカッチャと同じです。

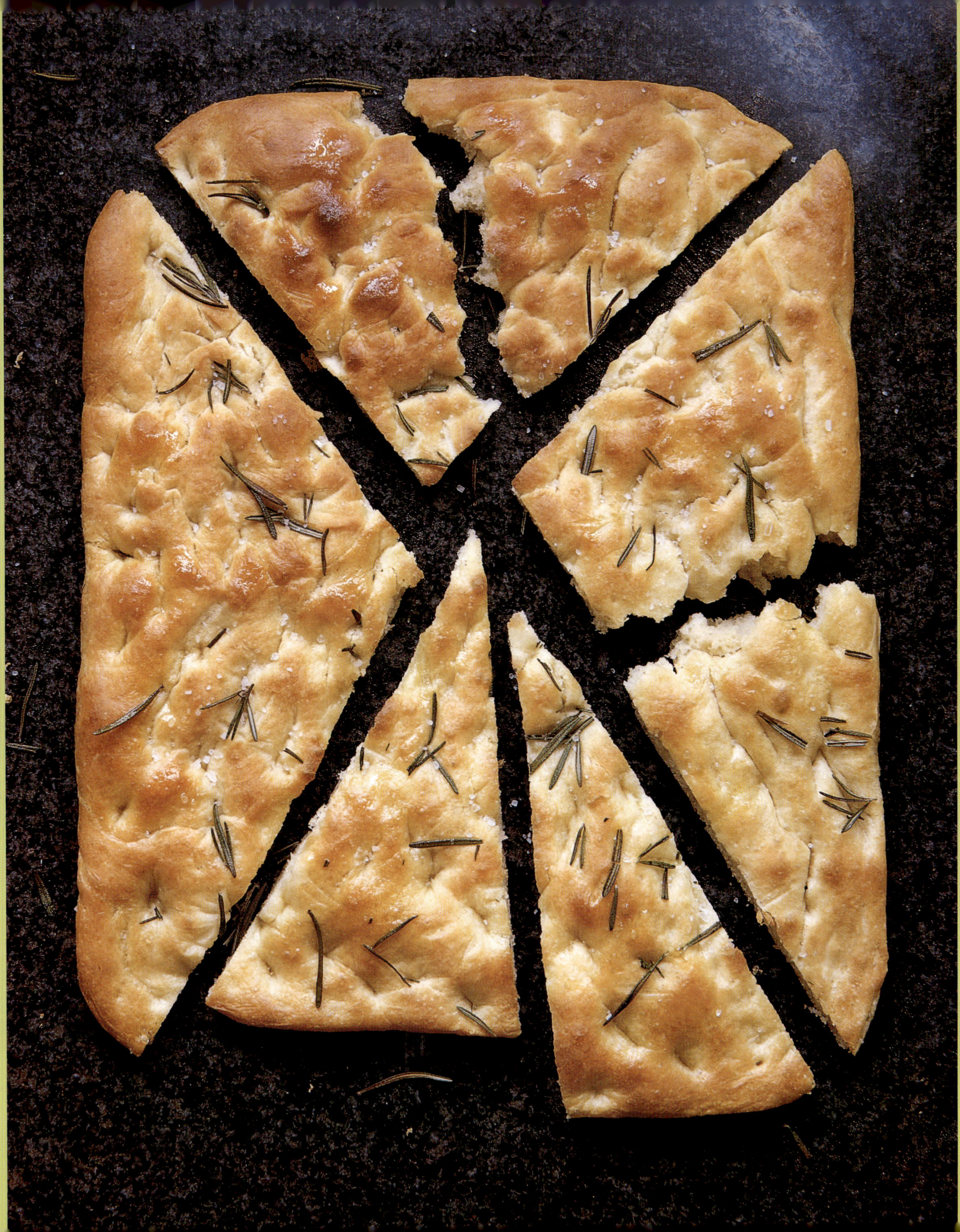

トマトとにんにくと
バジルのパン

　3つの素材の相乗効果で香りがよく色も鮮やかで、しっとりとしたおいしいパンです。ただのガーリックブレッドより華やかで、ただのトマトブレッドより味わいが豊かです。振りかける粉にとうもろこし粉を使うと贅沢感のある色に仕上がります。

できあがり数	ローフ3個
作業時間	20分
寝かせ時間	1時間
発酵時間	30分
焼き時間	20-25分

材料

1時間寝かせたオリーブの生地(p.69を参照) ……….基本量
オーブンドライトマト(p.76を参照) …………………100g
ローストガーリック(p.76を参照) ……………………20片
フレッシュバジル(葉のみ) …………………………大1茎分
(トレイに塗る)オリーブオイル
(仕上げ用の)エキストラバージンオリーブオイル
(振りかける)小麦粉またはとうもろこし粉

作り方

● 小麦粉またはとうもろこし粉をたっぷりと振った作業台の上に、スクレイパーの曲線の縁を使って生地を(ボウルの底にくっついていた粘りのある部分が上に来るように)出します。それから生地にも粉を軽く振り、指先で生地を広げて約35×25cmの長方形にし、全体を指先でつついてくぼみを作ります。

オリーブの生地　75

- 生地の表面についた余分な粉を払い落してから、上にトマトを均一に広げ、指先で軽く生地に押し込みます。続いてにんにくとバジルも同様にしてください。

- 生地のまず右側1/3を、続いて左側1/3を内側に折って小さい長方形にし、生地を指先で押してさらにしっかりと具を入れてください。それから生地の開いた両端を少し折って封をするようにとじます。

- 生地を横に3等分し、真ん中の生地の片方の端を少し折って封をするようにとじます。それからベーキングトレイに薄くオイルを塗り、3つの生地を、開いた口を上にして(トマトとにんにくとバジルが見えるようにして)置きます。これをふきんで覆い、温かく風のない場所で30分発酵させます。

- 生地を余熱したオーブンに入れて温度を220℃に下げ、20-25分(きつね色になるまで)焼きます。オーブンから取り出したら金網に乗せ、冷めないうちに表面にエキストラバージンオリーブオイルを塗ります。

冷凍する場合：15分焼き、1時間以上冷ましてから冷凍保存袋に入れて冷凍します。食べるときは180℃に余熱したオーブンに入れ、冷凍のままなら12-15分、室温で解凍してからなら8-10分焼きます。

オーブンドライトマト

　オーブンを100℃に余熱します。ミニトマトを使うなら250gをそれぞれ半分に、大きいトマトを使うなら6-8個をそれぞれ1/4くらいに切って、皮のついた部分を下にしてベーキングトレイに並べてください。それから海塩と挽きたての黒こしょう少々、グラニュー糖小さじ1、上質のエルブ・ド・プロヴァンス(プロバンス風のハーブミックス)2つまみ(またはフレッシュタイムとローズマリー少々)を散らし、余熱したオーブンに入れて2時間ほどかけて軟らかさを保つ程度に乾燥させます。できあがったときにトマトが約100gになっていればよく、これがトマトとにんにくとバジルのパン(p.74-75を参照)に使う適量です。
　※清潔な瓶に入れて上からオリーブオイルをかけておけば数週間保存できます。また、フードプロセッサーにかければおいしいトマトソース(トマトペースト)になるので、p.84のピザやp.44のひとくちパンに利用できます。

ローストガーリック

　オーブンを180℃に余熱します。それからオリーブオイル大さじ5、バター25g、グラニュー糖小さじ1をオーブン対応の鍋に入れてオーブンの最上段に入れ、バターが溶けたら鍋をオーブンから出して皮を剥いたにんにく20片を加え、オーブンに戻して20-25分(にんにくがカラメルで覆われ、ナイフの先で刺しても抵抗がないくらいに軟らかくなるまで)加熱します。鍋をオーブンから出したら、にんにくを汁につけたまま冷ましてください。冷めたらにんにくを引き上げ、キッチンペーパーを数枚重ねた上に置いて汁気を切ります。

フレッシュペスト

　イタリア人には邪道だとあきれられるかもしれませんが、私はペストにレモン汁を加えるのが好きです。フードプロセッサーに松の実100g、にんにく3片、おろしたパルメザンチーズ100gを入れて数分回し、バジル3-4茎(フードプロセッサーのボウルをゆったりと満たすくらい)を加えてさらに回します。バジルが細かくなったらレモン1/2個分の絞り汁とエキストラバージンオリーブオイル60g(または大さじ4)を加えてさらに回してください。それから味を見て、必要であれば海塩と挽きたての黒こしょうを加えます。どろっとしすぎている場合はエキストラバージンオリーブオイルをさらに少し加えてください。
※冷蔵庫で数日、冷凍庫で数週間保存できます。

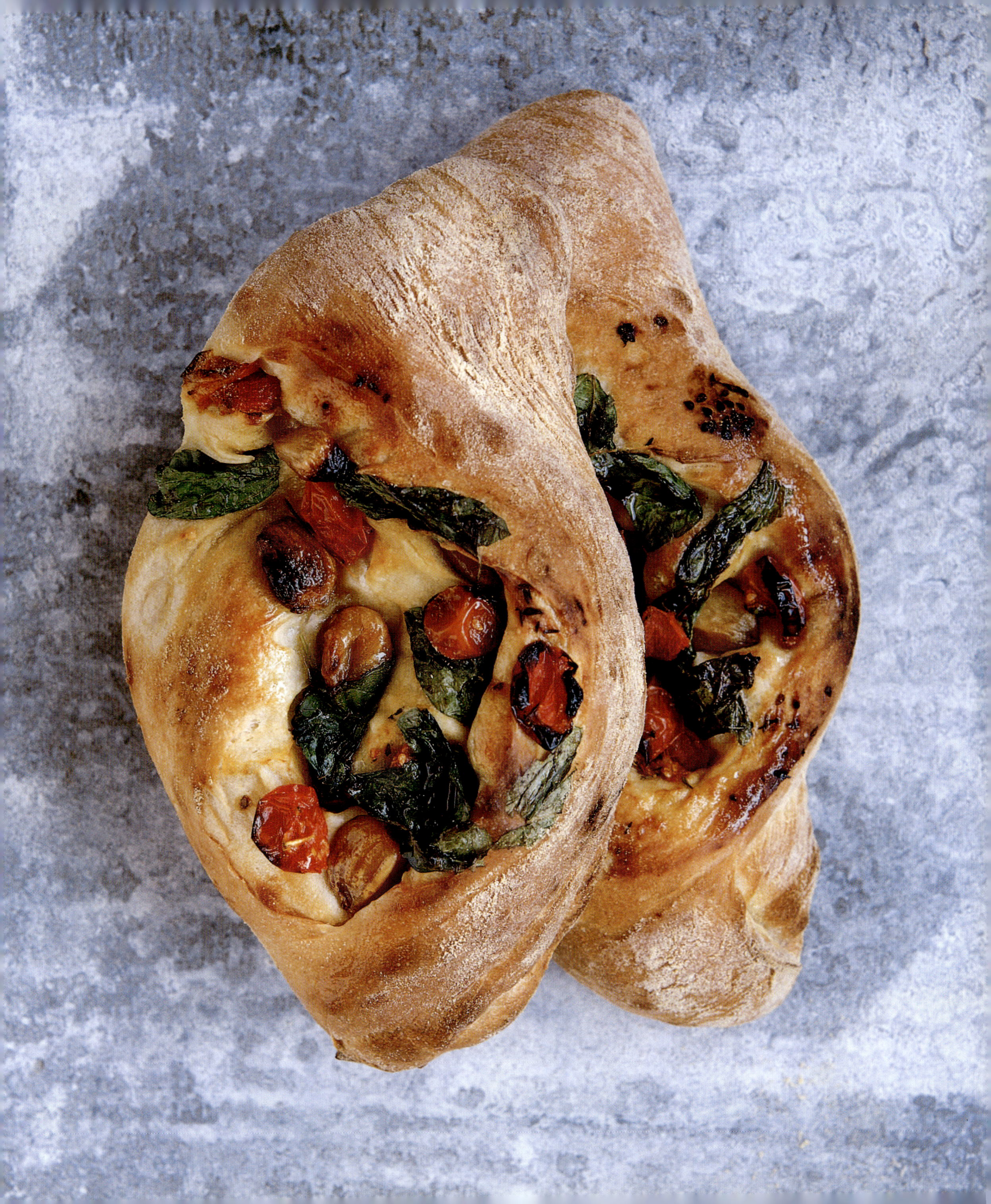

スープボウル

　このパンを思いついたのはインド料理店でカレーをテイクアウトしたときのことです。カレーはおいしかったのですが、プラスチックの容器が何とも「味気ない」気がして、これがパンでできていたら楽しいだろうな、と思いました。中身を食べ終わったら次は、軟らかくなってスパイスのしみ込んだ容器まで食べることができるのですから！　この「カレーボウル」の思いつきが「スープボウル」に発展するのに時間はかかりませんでした。スープボウルはパン（クルトン）入りスープの変形版とも言えます。

できあがり数	8個
作業時間	30分
寝かせ時間	40分
焼き時間	20-25分

材 料

30分寝かせたオリーブの生地（p.69を参照）..........基本量
（型に塗る）オリーブオイル
（振りかける）小麦粉

下準備

　直径約12cmのオーブン対応のボウル8個の外側に軽くオイルを塗ります（私は朝食用のスープボウルのセットを使っています）。

作り方

- 軽く粉を振った作業台の上に、スクレイパーの曲線の縁を使って生地を出し、100gずつに切り分けます。それから作業台の上に再び軽く粉を振り、各生地を円形に延ばし、余分な粉を払ってから、逆さにしたオーブン対応のボウルにかぶせます。間に空気が入らないように生地をボウルに丁寧に押しつけてください。この状態で10分寝かせます。

- 生地をボウルにかぶせたまま余熱したオーブンに入れ、温度を220℃に下げて20-25分（きつね色になるまで）焼きます（たいてい2回に分けて焼く必要があると思います）。オーブンから取り出したら数分放置して冷ましてから、ナイフを使って丁寧にパンをボウルから離します。それから金網に乗せて完全に冷ましてください。

冷凍する場合：クッキングシートを挟んで重ねて冷凍してください。冷凍すれば数週間保存できます。食べるときは冷凍庫から出して1時間ほど常温に置いてから180℃のオーブンで3分加熱してください。

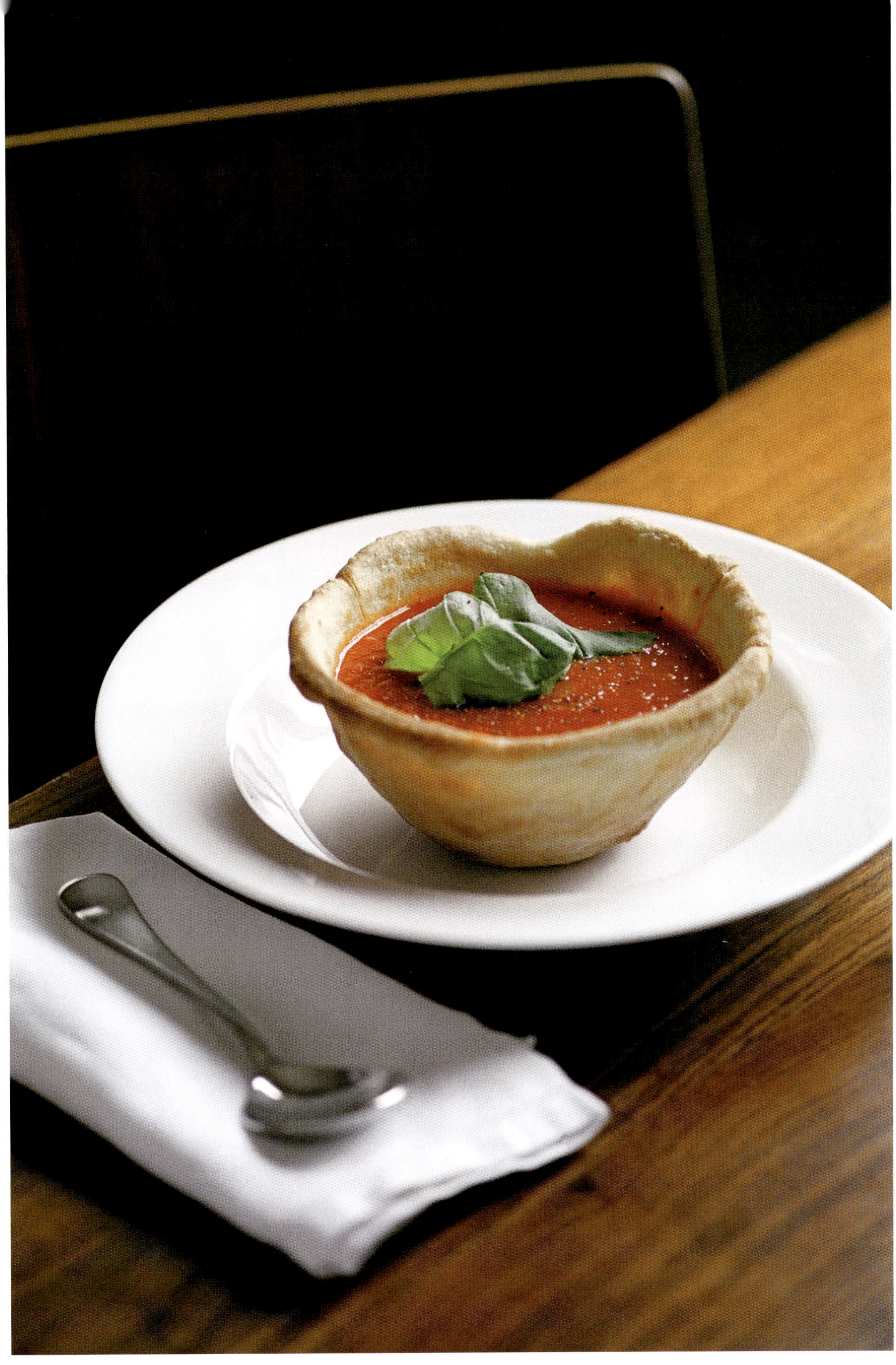

パルメザンと
パルマハムと松の実のパン

これはパン・オ・レザン(フランスの伝統的な渦巻き形のレーズンパン)形のパンです。巻き込む具をルッコラとパルメザン少しだけにして、もっと薄いスライスにしてもいいでしょう。私はこれをオードブル用に小さく作るのも好きです。その場合は最初に生地を半分に切り、しっかりときつく巻くようにしてください(サイズが大きい場合は巻き方が少し緩くても大丈夫です)。

できあがり数	12個
作業時間	20分
寝かせ時間	1時間
発酵時間	45分
焼き時間	12-15分

材料

1時間寝かせたオリーブの生地(p.69を参照) .... 基本量
パルメザンチーズ 100g
松の実 100g
エキストラバージンオリーブオイル .... 大さじ2+仕上げ用
(トレイに塗る)オリーブオイル
パルマハム(イタリアのパルマ産の燻製していない生ハム)
.... 薄切り12枚
(振りかける)とうもろこし粉

オリーブの生地　81

下準備

パルメザンチーズをおろします。
松の実をベーキングトレイに散らし、グリルかオーブンでときどき上下を返しながら焼き色をつけ、冷まします。

作り方

- とうもろこし粉を振った作業台の上に、スクレイパーの曲線の縁を使って生地を出し、指を使って長方形に広げます。それから生地を指先でつついて全体にくぼみをつくり、表面にエキストラバージンオイルを塗ります。

- 松の実とチーズを混ぜ、その半量を生地の表面に均一に散らします。その上にパルマハムを乗せ、ハムの上にエキストラバージンオイルを塗ります。さらにその上に残りの松の実とチーズを散らしてください。

- 生地をロールケーキのように巻き、合わせ目を指で押してとじます。それから刃がぎざぎざのよく切れるナイフを使って生地を2cm幅の輪切りにし、切り口を上にして、薄くオイルを塗ったベーキングトレイに並べます。

- 生地をふきんで覆い、45分（2倍弱に膨らむまで）発酵させます。

- 生地を余熱したオーブンに入れて温度を240℃に下げ、12-15分（きつね色になるまで）焼きます。オーブンから取り出したら金網に乗せ、完全に冷める前にエキストラバージンオイルを薄く塗ります。

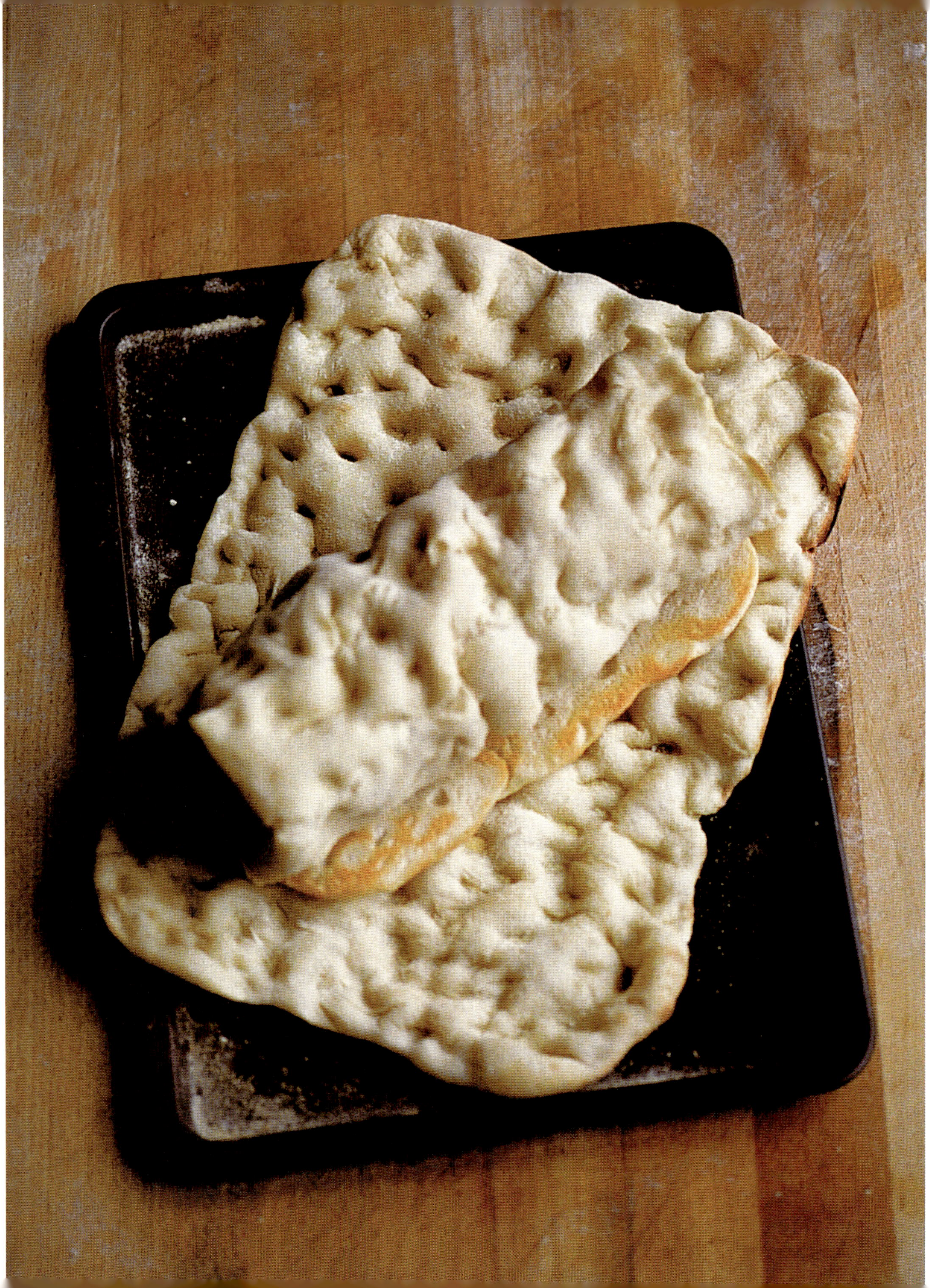

フラットブレッド

　具を包んだりピザ台にしたりできる極薄のパンです。焼き時間を少し長くしてパリパリにすれば、小さく割ってディッピングソースを添え、ポテトチップスのように(しかしポテトチップスより低脂肪でヘルシーなスナックとして)食べることもできます。また、焼く前にタイ風のスパイスを加えたり、ハーブ、岩塩、黒こしょう、(生または乾燥の)唐辛子などを散らしたりしてもいいでしょう。

できあがり数	4枚
作業時間	20分
寝かせ時間	55-60分
焼き時間	8-10分

材料

30分寝かせたオリーブの生地(p.69を参照) ....基本量
(振りかける)とうもろこし粉
(トレイに塗る)オリーブオイル

下準備
焦げ付き防止加工の20×30cmのベーキングトレイ4枚に薄くオイルを塗ります。

作り方

- スクレイパーの曲線の縁を使って生地を作業台の上に出し、4等分します。それから生地を1枚ずつベーキングトレイに乗せ、指先を使ってトレイ全体に広げます。生地が粘りすぎて扱いにくければ、とうもろこし粉を少し振りかけてください。生地がトレイ全体に行き渡らなくても無理に広げなくてかまいません。寝かせたあと、生地が膨らんでから広げればよいからです。

- 生地をふきんで覆い、15-20分寝かせてから、もう一度指先を使って生地を広げ、トレイ全体に行き渡らせます。それからさらに10分寝かせてください。

- 余熱したオーブンに入れて温度を220℃に下げ、具を包むパンにする場合は、8-10分(ごく軽く色づくまで、つまりp.16の「少し焼けている」色になるまで)焼きます。パンが具を包める程度に軟らかくなくてはいけないので、それ以上長くは焼かないでください。包む具はトマト、サラダ、パルマハムなど何でもかまいません。

- 小さく割ってポテトチップスのようにする場合は、15-18分(パリパリになるまで)焼いてください。

ピザ

なめらかで弾力のある生地にしたいのでセモリナ粉は使いません。レシピに示したのはオーソドックスなマルゲリータですが、もちろん具は好きなものを自由に使ってください。

できあがり数	3枚
作業時間	15分
寝かせ時間	70分
	または冷蔵庫で1晩
焼き時間	10-12分

ピザ生地の材料

生酵母	15g
イタリア産強力小麦粉	500g
塩	10g
オリーブオイル	50g(50㎖)
水	320g(320㎖)
(振りかける)小麦粉	

具の材料(ピザ1枚分)

トマトソース
　(p.76のオーブンドライトマトを
　フードプロセッサーにかける)
　........................大さじ3/4
水牛のモッツァレラチーズ
　................................100g
フレッシュバジル(葉のみ)

下準備

オーブンを250℃に余熱します。酵母を指先で崩しながら小麦粉に加え、続いて塩、オリーブオイル、水を加えます。その他はp.22-25の手順にしたがって生地を作ってください。それから生地を1時間寝かせるか、風味と食感をよりよくするために冷蔵庫で1晩寝かせます。冷蔵庫で時間をかけて生地を膨らませると、少し酸味が加わって風味がより豊かになり、外側がよりカリッとして内側がよりモチモチした仕上がりになります。

作り方

- スクレイパーの曲線の縁を使って生地をボウルから出し、3等分してそれぞれをボール形に整え(p.25を参照)、さらに10分寝かせます。それから軽く粉を振った作業台の上で少し転がして表面に均一に粉をつけてください。

- 3つの生地をそれぞれ手の付け根で押し延ばし、少しずつ回転させながらさらに押して直径約20-22cmで縁が中心より少し厚めの円形にしてください。

- この生地を粉を振ったベーキングトレイに乗せ、上にトマトソースを均一に延ばし、大きめに切ったモッツァレラチーズとバジルを散らします。

- これを余熱したオーブンの中のベーキングストーン(またはベーキングトレイ)に移し、温度を240℃に下げて10-12分(生地の縁がきつね色でカリっとした感じになるまで)焼きます。

オリーブの生地　85

パンチェッタと
ミックスオリーブのパン

具の素朴な風味が見事に生地の中に溶け込んだおいしいパンです。これで作るサンドイッチは絶品です。

オリーブの生地

できあがり数	ローフ3個
作業時間	1時間
寝かせ時間	1時間半
発酵時間	1時間
焼き時間	30-35分

材料

オリーブの生地(p.69を参照)	基本量
ミックスオリーブ(緑と紫の混ざった種つきのもの)	200g
セージ(茎をとる)	1茎分
(炒め用の)油	大さじ1
パンチェッタ[生ベーコン](またはラードン[脂の多い細切りベーコン])(さいころ状に切る)	200g
(振りかける)小麦粉	
(振りかける)小麦粉またはとうもろこし粉	

下準備

オリーブの種を取り、セージを粗く刻みます。フライパンに油を熱してパンチェッタを炒め、カリカリになったらオリーブを加えてさらに2分ほど中火で炒めます。火から下ろしたらセージを加え、よく混ぜて汁ごとボウルに移して冷まします。

生地に手で働きかける作業(または生地をミキサーで混ぜる作業)の最後に上記のパンチェッタミックスを汁ごと加えて生地に均一に混ぜ込みます。それから清潔なボウルに軽く粉を振り、その中に生地を入れてふきんをかけ、風のない場所で1時間寝かせます。

作り方

- 軽く小麦粉を振った作業台の上に生地を出してボール形に整え(p.25を参照)、ボウルに戻してさらに30分寝かせます。

- 作業台に再び小麦粉を振り、その上に生地を出して3等分(1つを約440gに)します。それから生地の片側を中心に向けて折り、手の付け根または親指で押して合わせ目をとじ、反対側も重ねて折って同様に合わせ目をとじてください。最後に縦半分に折って合わせ目をとじ、長く両端の丸い棒状にします。

- 3つの棒状のローフをベーキングトレイに並べ、上から小麦粉かとうもろこし粉を振りかけます。それからかみそりの刃(またはよく切れるナイフ)で各ローフの上面に深さ約1cmの斜めの切り込みを6-7本入れ、ふきんをかけて1時間(2倍弱に膨らむまで)発酵させます。

- 余熱したオーブンの扉を開けて中を霧吹きで湿らせ、ローフを入れて温度を230℃に下げ、30-35分(きつね色になるまで)焼きます。オーブンから取り出したら金網に乗せて冷ましてください。

チャバッタ

　有名なイタリアの「スリッパ」パンです。これを作るには発酵種（イタリア名は〈ビガ〉）が必要です。発酵種を使うと気泡がいっぱいの軽いパンを作ることができるのです。発酵種を作るのに必要な材料は小麦粉と水と酵母だけですが、使う24時間前に準備しておかなければなりません。また、私はどんな生地を作るときもミキサーを使わずに手で働きかけていますが、チャバッタは手で働きかけるメリットがとくに大きいパンだと言えます。というのは、チャバッタの生地にはとにかくたくさんの空気を取り込まなければならないからです。このパンの生地は初めはかなり軟らかくてべたべたしていますが、働きかけているうちにしだいに弾力が出て手から離れやすくなってきます。

　私はこのパンを作るときはオリーブオイルでなくアボカドオイルを使います。アボカドオイルは少し高価ですが、ほんのり緑色の美しいパンに仕上がるので試してみる価値はあると思います。

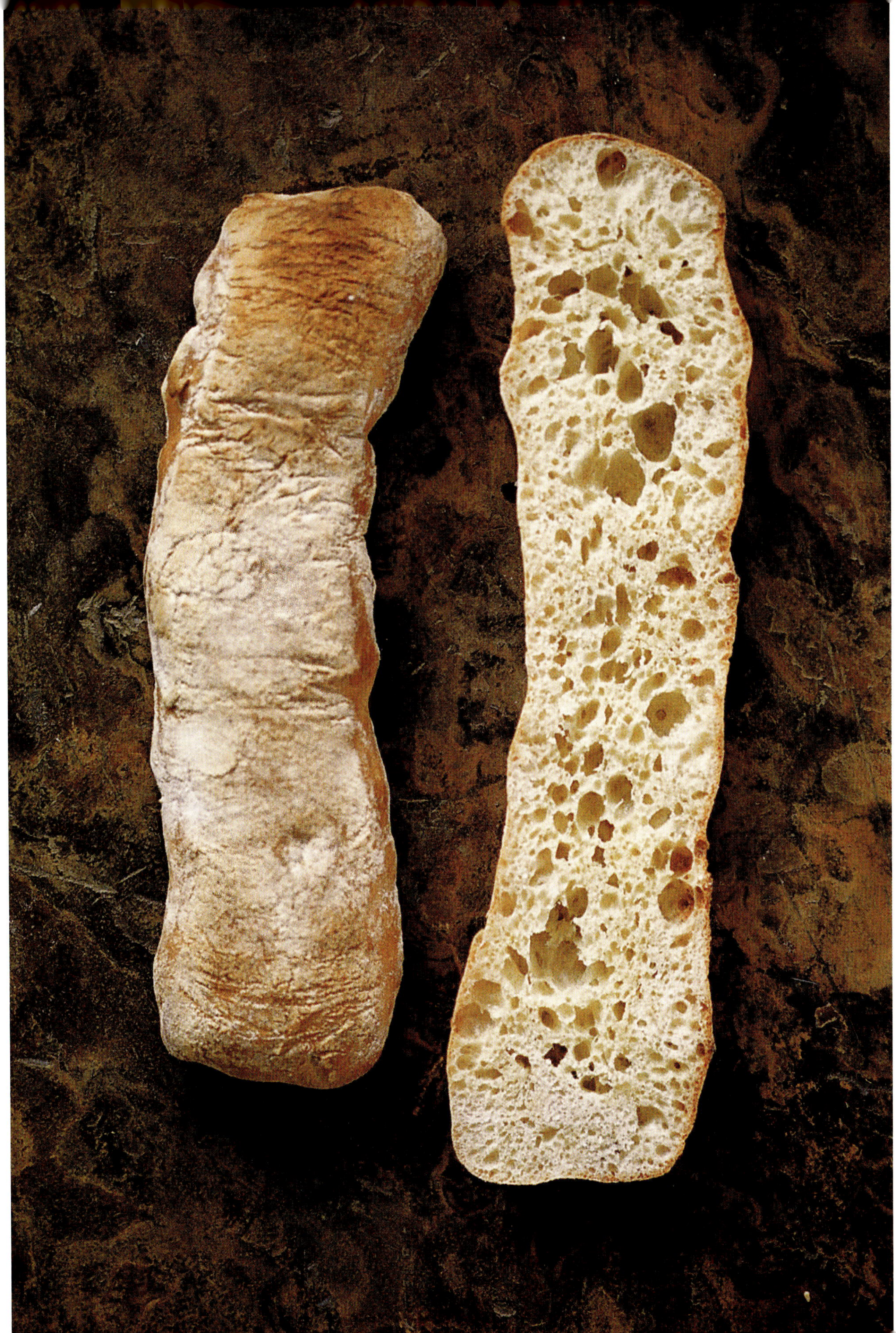

DOUGH パン生地

できあがり数	ローフ4個
作業時間	15分
寝かせ時間	17-24時間(発酵種) 1時間半(生地)
発酵時間	30-45分
焼き時間	18-20分

材料

発酵種

小麦粉	350g
水	180g(180mℓ)
生酵母	小さじ1/2

強力小麦粉またはイタリア産パン用小麦粉............450g
酵母............10g
水............340g(340mℓ)
オリーブオイルまたはアボカドオイル............50g
　＋ボウルに塗る分
塩............15g
(振りかける)小麦粉またはとうもろこし粉

(24時間前の)下準備

発酵種の材料をミキサーまたは手で5分ほど(粗い生地ができるまで)混ぜてボウルに入れ、緩めにラップをしてその上にふきんをかけ、風のない場所に17-24時間寝かせます。

作り方

● 生地を作り始める1時間以上前にオーブンの余熱を開始し、オーブンだけでなくキッチンも温めます。

● 生地はできるだけ手で作ってください。ミキシングボウルにまず小麦粉を入れ、そこに酵母をこすり入れてから、発酵種をすくい入れ、続いて水、オイル、塩を加えてよく混ぜます(片手でボウルを押さえて反対の手で混ぜてください)。すべての材料がつながって生地がボウルにつきにくくなったら、スクレイパーの曲線の縁を使って生地を作業台に出し、p.24の手順にしたがって生地に働きかけます(ミキサーを使う場合もすべての材料がつながるまでは手で混ぜてください。それからミキサーに入れて4-5分、生地が軽くなめらかになり弾力が出てくるまで混ぜてください)。それから生地をボール形に整えます(p.25を参照)。

● ボウルにアボカドオイルまたはオリーブオイルを薄く塗り、そこに生地を入れてふきんをかけ、1時間半(膨らんで、気泡ができて軽くなった感じがしてくるまで)寝かせます。

● 小麦粉またはとうもろこし粉をたっぷりと振った作業台の上に、スクレイパーの曲線の縁を使って生地を出し、生地の表面にも粉を振って指で軽く押してくぼみを作ります。それから生地を4つの長方形に切り分け、それぞれの片側を中央に向けて折って手の付け根で押して合わせ目をとじ、反対側も重ねて折って合わせ目をとじます。最後に縦半分に折って細長い形にし、合わせ目をとじてください。

オリーブの生地　91

- 細長い生地をふきんの上に並べ、もう1枚のふきんで覆って30-45分発酵させます。

- 発酵させた生地を裏返しながら縦に少し引っ張って延ばし、粉を振った木製ピール（またはベーキングトレイ）に乗せます（引っ張るのは、このパンの特徴であるスリッパ形にするためです）。それからオーブンの中を霧吹きで湿らせ、素早く生地をベーキングストーン（またはベーキングトレイ）に移し、温度を220℃に下げて18-20分（薄いきつね色になるまで）焼きます。

冷凍する場合：15分焼いて「少し焼けている」状態（p.16を参照）にし、冷ましてから冷凍保存袋に入れて冷凍します。食べるときは冷凍のまま200℃のオーブンで12分焼いてください。

バリエーション：オリーブのチャバッタ
　紫色のカラマタオリーブまたはグリーンオリーブ200gの種を取って1粒を4等分し、生地に手で働きかける作業の最後に生地に加えてよく混ぜてください。

発酵種

細長い生地を発酵させる

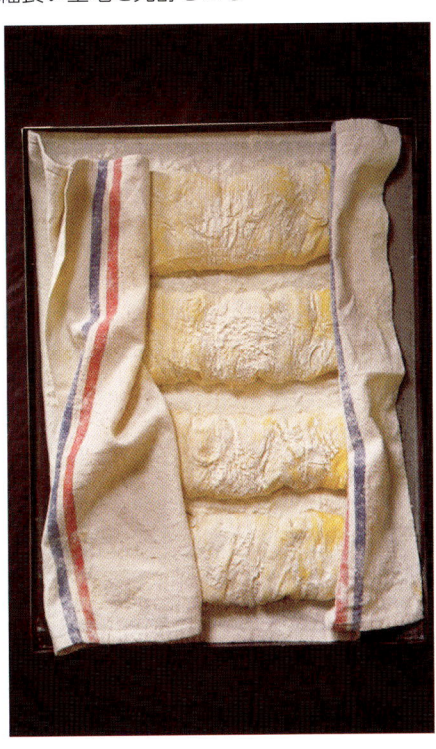

生地を縦に延ばす

3. 茶色い生地

Brown
「茶色い」=ほの暗い；木や土のような

この章で紹介するパンの多くには秋の雰囲気やクリスマスの雰囲気があります。それは茶色いパンにはフルーツやスパイスを育て、冬の寒さにも揺るがない大地のようなイメージがあるからでしょう。私は茶色い生地を作るときはたいてい精白粉と全粒粉を組み合わせています。そのほうが全粒粉だけで作るより軽く軟らかいパンができるからです。全粒粉100%のパンのレシピも1つだけ載せていますが、そのパンは発酵種(p.14を参照)を使うため、比較的軽く仕上がります。茶色い生地に働きかける方法はすでに紹介した2種類の生地に働きかける方法と同じです。生地が少し重く感じても心配はいりません。

生地作りはオーブンを250℃に余熱してから始めてください。

基本量の材料

全粒強力小麦粉	300g
精白強力小麦粉	200g
酵母(できれば生酵母)	10g
塩	10g
水	350g

(または350㎖……ただし重さを計るほうが正確)

作り方

2種類の小麦粉を混ぜ、そこに酵母を指先で崩しながら加え、続いて塩と水を加えます。その他はp.22-25の手順にしたがってください。ただしレシピによってはこの段階でほかの材料を加える必要があるので、事前に確認してください。

はちみつと
ラベンダーの
パン
p.98

レーズンと
ヘーゼルナッツ
とエシャロット
のパン
p.110

けしの実の
星形パン
p.106

ごまの
三つ編み
パン
p.104

アプリコットと
オートミールの
パン
p.96

ブラウン
ロール
p.105

わかめパン
p.102

ピーカン
ナッツと
クランベリー
のパン
p.112

雑穀パン
p.108

全粒粉
100%のパン
p.114

カルダモンと
プルーンの
パン
p.100

アプリコットと
オートミールのパン

　私はこのパンを朝食にするのが好きです。このパンはパンの形をしたミューズリーのようでもあるし、チーズを乗せてトーストしてもおいしいのです。アプリコット（私は有機栽培で合成保存料の使われていないものを使用しています）のおかげでほんのりと甘く、オートミールのおかげで歯ごたえのよいパンです。

できあがり数 小型のローフ4個
　　　　　　　　　　　　または大型のローフ2個
作業時間 20分
寝かせ時間 70分
発酵時間 1時間
焼き時間 小型なら15分
　　　　　　　　　　　　　　大型なら25分

材 料

茶色い生地(p.93を参照) ....基本量
粗く刻んだドライアプリコット 200g
　　　　　　　　　　　（できれば有機栽培のもの）
オートミール 80g
（振りかける）小麦粉

下準備
　p.22からの手順にしたがって生地を作ります。ただし生地に手で働きかける作業（または生地をミキサーで混ぜる作業）の最後にアプリコットを加えて生地に均一に混ぜてください。生地をボール形に整えたら(p.25を参照)軽く粉を振ったボウルに入れ、ふきんをかけて1時間寝かせます。

作り方

- 軽く粉を振った作業台の上に、スクレイパーの曲線の縁を使って生地を出し、大きなローフを作るなら2等分、小さなローフを作るなら4等分します。それからそれぞれをボール形に整え、ふきんで覆って10分寝かせます。

- ボールをそれぞれローフにし(p.31を参照)、上面と側面に少量の水を塗ってから、平皿に入れたオートミールの上で転がします。それからベーキングトレイに軽く粉を振ったふきんを敷き、その上にオートミールをまぶしたローフを並べます。このときローフの間を仕切るようにふきんでひだを作り、膨らんだローフが互いにくっつくのを防いでください。

- かみそりの刃（またはよく切れるナイフ）でローフの上面に深さ5mm以上の斜めの切り込みを数本ずつ入れ、1時間（2倍弱に膨らむまで）発酵させます。

- 余熱したオーブンの扉を開けて中に霧吹きで水を吹きかけ、素早くローフをベーキングストーン（またはベーキングトレイ）に移して扉を閉めます。それから温度を220℃に下げ、小型ローフなら15分、大型ローフなら25分焼きます。焼き上がったローフは底を指で叩くと空洞の音がします。冷ますときは金網に乗せてください。

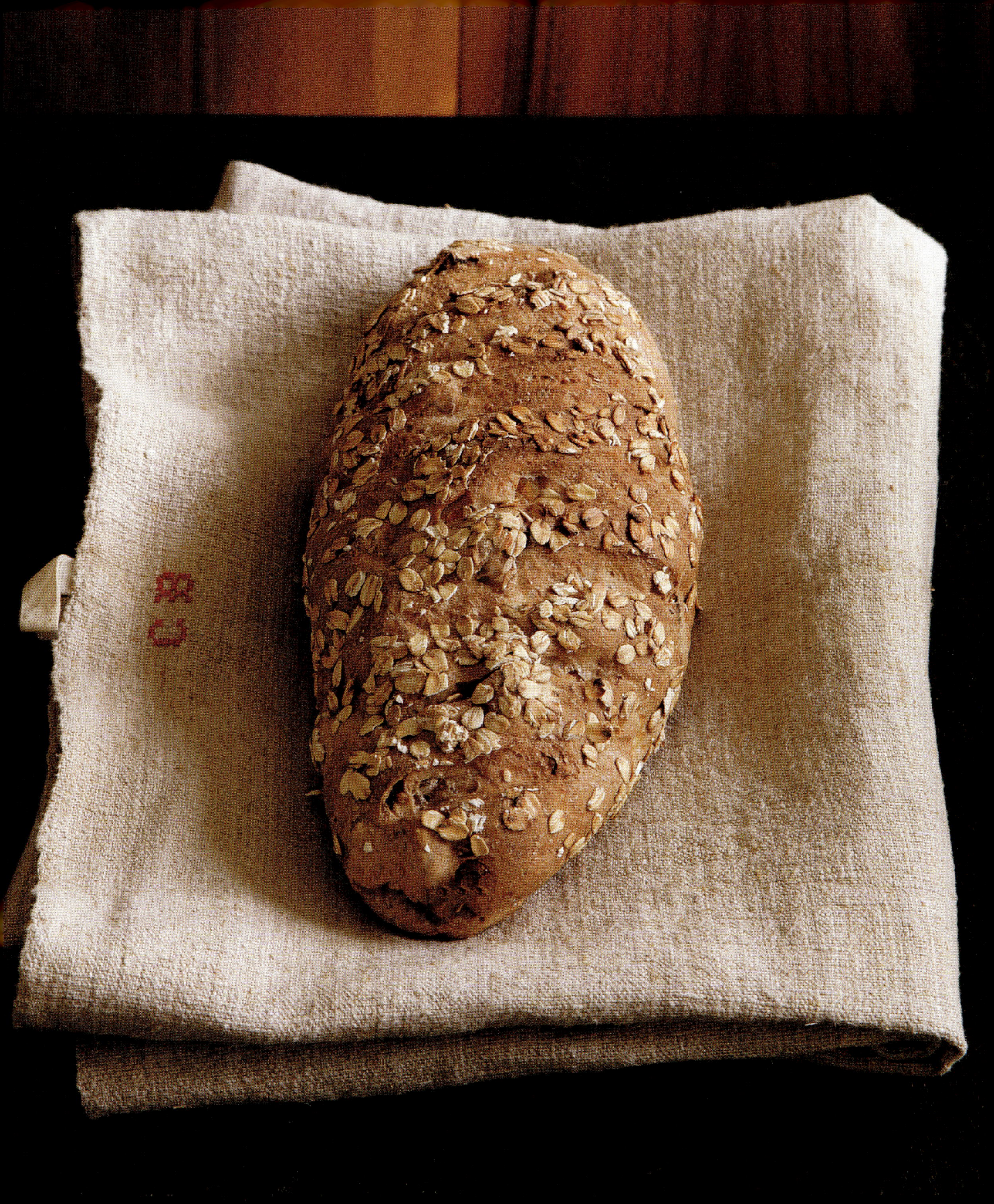

はちみつとラベンダーのパン

　生地にラベンダーを小さじ1加えるだけで素晴らしい風味が生まれます。とはいえ、私はこれがすべての人に好まれる味ではないことも承知しています。ですから、ラベンダーが好きでない人はどうぞこのレシピは無視してください！　私自身はこのローフに軟らかい山羊のチーズを乗せてトーストすると本当においしいと思います。わが家はみんなラベンダーが大好きなので庭で育てており、毎年夏の終わりになると摘みとって花を丁寧に取り、ベーキングトレイに広げて乾燥させます。これは香りだけは最高ですがかなり退屈な作業です。しかしとにかくこの作業を済ませてプラスチックの容器に入れてしまえば、次の季節までいつでもラベンダーを使うことができるのです。このローフにはラベンダーのはちみつがあればそれも使うといいでしょう。なければ、その他の高品質の、できれば有機のはちみつを使ってください。

できあがり数	大型ローフ1個
作業時間	20分
寝かせ時間	1時間半
発酵時間	1時間-1時間半
焼き時間	30-40分

材料

茶色い生地(p.93を参照) ....基本量
ラベンダーの花(フレッシュまたはドライ) 小さじ1強
高品質の軟らかいはちみつ......................................30g
(振りかける)小麦粉

下準備

　p.22からの手順にしたがって生地を作ります。ただし小麦粉にあらかじめラベンダーを混ぜておき、塩を加えるときにはちみつも一緒に加えてください。生地をボール形に整えたら(p.25を参照)軽く粉を振ったボウルに入れ、ふきんをかけて45分寝かせます。

作り方

- スクレイパーの曲線の縁を使って生地を作業台の上に出し、ボール形に整え直してボウルに戻し、ふきんをかけて、さらに45分寝かせます。

- 生地を作業台の上に出して軽く押しつぶし、4つの「角」を中央に寄せて四角いローフの形にし、上に粉を振ります。それからベーキングトレイにふきんを敷き、その上にこのローフを合わせ目を下にして置き、もう1枚のふきんをかけて1時間-1時間半(2倍弱に膨らむまで)発酵させます。

- ローフを合わせ目を下にして木製ピール(または逆さにしたベーキングトレイ)に乗せ、かみそりの刃(またはよく切れるナイフ)で上面に二重十字の切り込みを入れます。それから余熱したオーブンの中に霧吹きで水を吹きかけ、素早くローフをベーキングストーン(またはベーキングトレイ)に移して扉を閉め、温度を220℃に下げて10分、200℃に下げて20-30分焼きます。こうした大きなローフは焼き上がるまでの時間の判断が難しいので、途中ときどき底の部分を指で叩いてチェックしてください。焼き上がっていれば空洞の音がします。

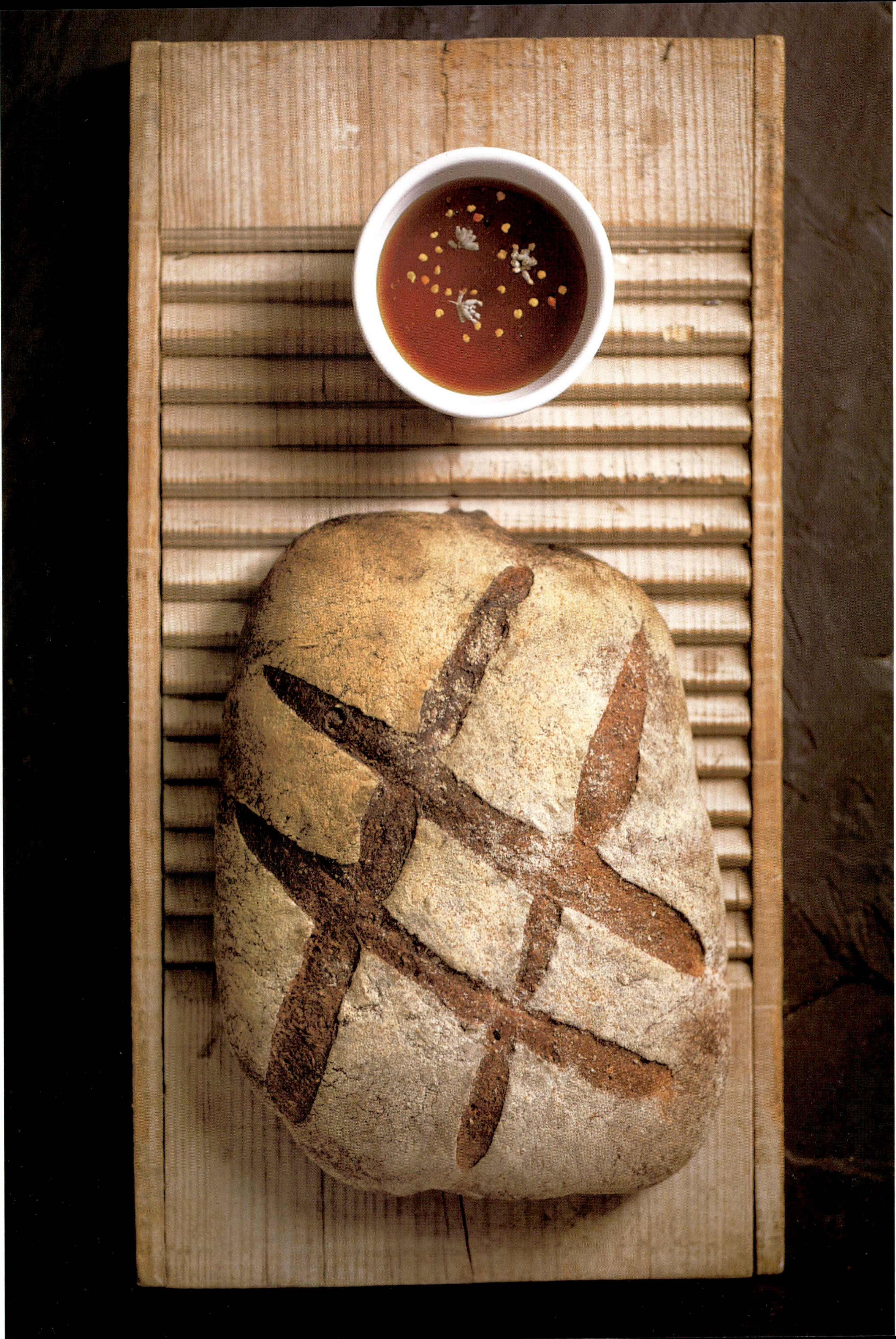

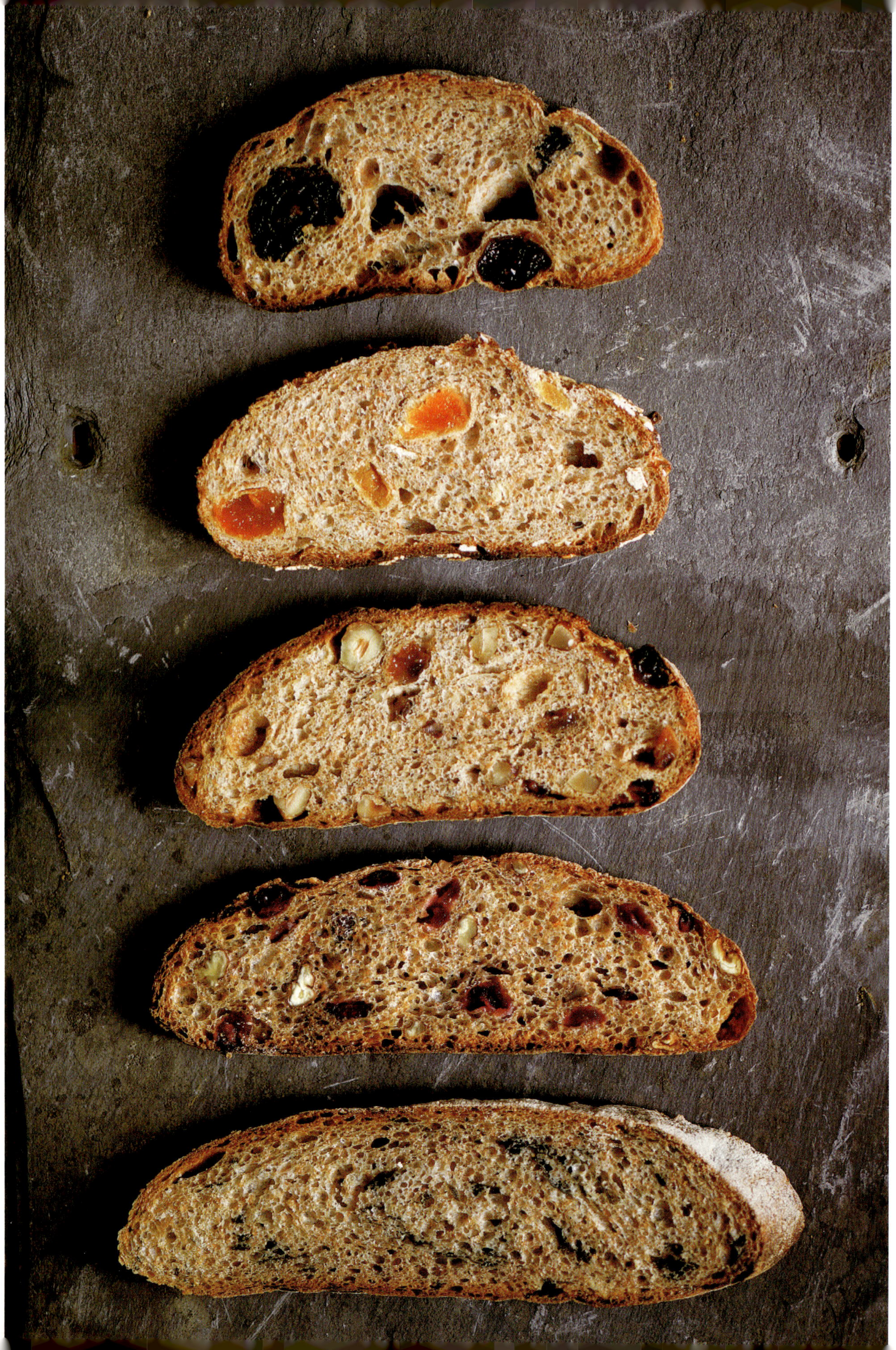

カルダモンとプルーンのパン

　私は初め、カルダモンを使ってデニッシュペストリー（パイのように生地を層状にして焼いた甘いパン）を作ってみました。カルダモンがフルーツとよく合うことはわかっていたので、プルーンも加えてみました。ところが何かが足りない気がしたのです。そしてふと、ブルターニュにいたころによく作っていたファー・ブルトンというバターケーキのことを思い出しました。そのケーキにはプルーンと上質のダークラムを入れていたのです。そこでラム酒も加えてみたところ、一段と風味が増して、温かい大地の雰囲気を持つクリスマスにぴったりのパンになりました。このパンはイギリスの伝統的なティーブレッド[ティータイム用の甘いパン]であるモルトローフにも似ており、トーストしてバターをつけると豪華です。

できあがり数	ローフ2個
作業時間	30分
寝かせ時間	1時間45分
発酵時間	1時間
焼き時間	25-30分

材料

茶色い生地(p.93を参照)	基本量
種を取ったプルーン	100g
ラム酒	大さじ4
挽きたてのカルダモン	小さじ1/4
(振りかける)小麦粉	

下準備

　プルーンをラム酒に最低1時間、できれば1晩漬け込みます。
　p.22からの手順にしたがって生地を作ります。ただしフルーツの重さに負けないように酵母の量を15gに増やしてください。また、小麦粉にあらかじめカルダモンを混ぜておき、生地に手で働きかける作業（または生地をミキサーで混ぜる作業）の最後にプルーンを加えて生地に均一に混ぜ込んでください。生地をボール形に整えたら(p.25を参照)ボウルに入れてふきんをかけ、1時間寝かせます。

作り方

● 軽く粉を振った作業台の上に、スクレイパーの曲線の縁を使って生地を出し、ボール形に整え直してボウルに戻し、ふきんをかけてさらに45分寝かせます。

● 再び軽く粉を振った作業台の上に、スクレイパーの曲線の縁を使って生地を出し、2等分してそれぞれをローフにします(p.31を参照)。それから縁の平らなベーキングトレイ(または逆さにしたベーキングトレイ)に軽く粉を振ったふきんを敷き、その上にローフを乗せて上面に粉を振り、かみそりの刃(またはよく切れるナイフ)で深さ5mmの切り込みを4本ずつ入れ、ふきんをかけて1時間(2倍弱に膨らむまで)発酵させます。

● 余熱したオーブンの扉を開けて中を霧吹きで湿らせ、ローフをベーキングストーン(またはベーキングトレイ)に移して扉を閉め、温度を220℃に下げて25-30分焼きます。焼き上がったローフは底を叩くと空洞の音がします。オーブンから取り出したら金網に乗せて冷ましてください。

102 DOUGH パン生地

わかめパン

　このパンを食べた人に何の味がするかと尋ねても、たいていの人はわかりません。にもかかわらず、これまでに食べてくれた人の全員が好きな味だと言ってくれています。ブルターニュにいたころは地元の海藻を使ってこれに似たパンを作っていました。でもイギリスに来て見つけた日本産のわかめは本当によい味を出してくれるのです。わかめが海のものであるせいか、このパンは魚介の料理と合い、とくに生がきと合わせると最高です。このレシピでは精白粉と全粒粉を同量使っています。

できあがり数	ローフ1個
作業時間	30分
寝かせ時間	1時間45分
発酵時間	1時間
焼き時間	45分

材料

精白強力小麦粉	250g
全粒強力小麦粉	250g
酵母(できれば生酵母)	10g
塩	**10g**
水	340g(340mℓ)
乾燥わかめ	10g(戻した状態で50g)
(振りかける)小麦粉	

下準備

　わかめを袋の指示通りに水につけて戻します。オーブンを250℃に余熱します。2種類の粉を混ぜ、そこに酵母をこすり入れて塩と水も加え、p.22-25の手順にしたがって生地を作ります。ただし生地に手で働きかける作業(または生地をミキサーで混ぜる作業)の最後にわかめを加えて生地に均一に混ぜ込んでください。生地をボール形に整えたら(p.25を参照)軽く粉を振ったボウルに入れてふきんをかけ、1時間寝かせます。

作り方

● スクレイパーの曲線の縁を使って生地をボウルから出し、ボール形に整え直して再びボウルに入れ、ふきんをかけてさらに45分寝かせます。

● 軽く粉を振った作業台の上に生地を出し、ローフ形に整えます(p.31を参照)。それから合わせ目を下にしてたっぷり粉を振ったふきんの上に置き、1時間発酵させます。

● ローフをひっくり返して木製ピール(または縁の平らなベーキングトレイ)に乗せ、かみそりの刃(またはよく切れるナイフ)で上面に葉脈のような切り込みを左右に3本ずつ入れます。それからオーブンの中を霧吹きで湿らせ、ローフを熱いベーキングストーン(または逆さにしたトレイ)に移して45分(しっかり色がつくまで)焼きます。焼き上がったローフは底を叩くと空洞の音がします。オーブンから取り出したら金網に乗せて冷ましてください。

ごまの三つ編みパン

作るのが楽しい三つ編みの小型パンです。

できあがり数	12個
作業時間	45分
寝かせ時間	65分
発酵時間	45分
焼き時間	12-15分

材 料

1時間寝かせた茶色い生地(p.93を参照) .... 基本量
ごま 50g
(振りかける)小麦粉

作り方

- スクレイパーの曲線の縁を使って生地を作業台の上に出し、直線の縁を使って12等分します。それからそれぞれをボールにし(p.28-29を参照)、ふきんをかけて5分寝かせます。

- 軽く粉を振った作業台の上に12個のボールを出し、それぞれを押し延ばして円形にしてから左右を中心に向けて折って長方形に近い形にし、裏返して折り目を下にします。それからよく切れるナイフで長方形の端の少し手前から反対の端の終わりまでの平行の2箇所を切ってください。一方の端がつながって反対の端が切れた状態、つまり、3本のひもが一方の端でつながっている状態になります。

- この3本の「ひも」を三つ編みにします(左右の「ひも」を交互に真ん中の「ひも」にかけていきます)。端まで編んだら、両端を台の上で転がしてとがらせます。これを12個の生地すべてに行ってください。

- ごまを平皿に出し、三つ編みの生地の上面に少し水を塗り、そこにごまをまぶします(ごまをまぶすのは上面だけです)。それから生地をベーキングトレイの上に並べてふきんをかけ、温かく風のない場所で45分(2倍弱に膨らむまで)発酵させます。

- 生地を余熱したオーブンに入れ、オーブンの中を霧吹きで湿らせてすぐに扉を閉め、温度を220℃に下げて12-15分焼いてください。

ブラウンロール

1章で紹介したレモンロールの全粒粉バージョンですが、形はもっと単純です。

できあがり数	12個
作業時間	30分
寝かせ時間	65分
発酵時間	45分
焼き時間	10分

材料

1時間寝かせた茶色い生地(p.93を参照) ....基本量
(振りかける)小麦粉

作り方

- 軽く粉を振った作業台の上に、スクレイパーの曲線の縁を使って生地を出し、12等分してそれぞれをボールにします(p.28-29を参照)。これをベーキングトレイの上に並べ、ふきんをかけて5分寝かせます。

- 各ボールを一度きれいな球形のボールに整え直してから、少し転がしてフットボール形にします。それから別のベーキングトレイの上に、膨らんだときにくっつかないように間隔を空けて並べ、ふきんをかけて風のない場所で45分(2倍弱に膨らむまで)発酵させます。

- フットボール形のロールの上面にかみそりの刃(またはよく切れるナイフ)で縦に1本長い切り込みを入れ、余熱したオーブンの扉を開けて霧吹きで中を湿らせ、素早くロールを入れて温度を230℃に下げ、10分焼きます。オーブンから取り出したら金網に乗せて冷ましてください。

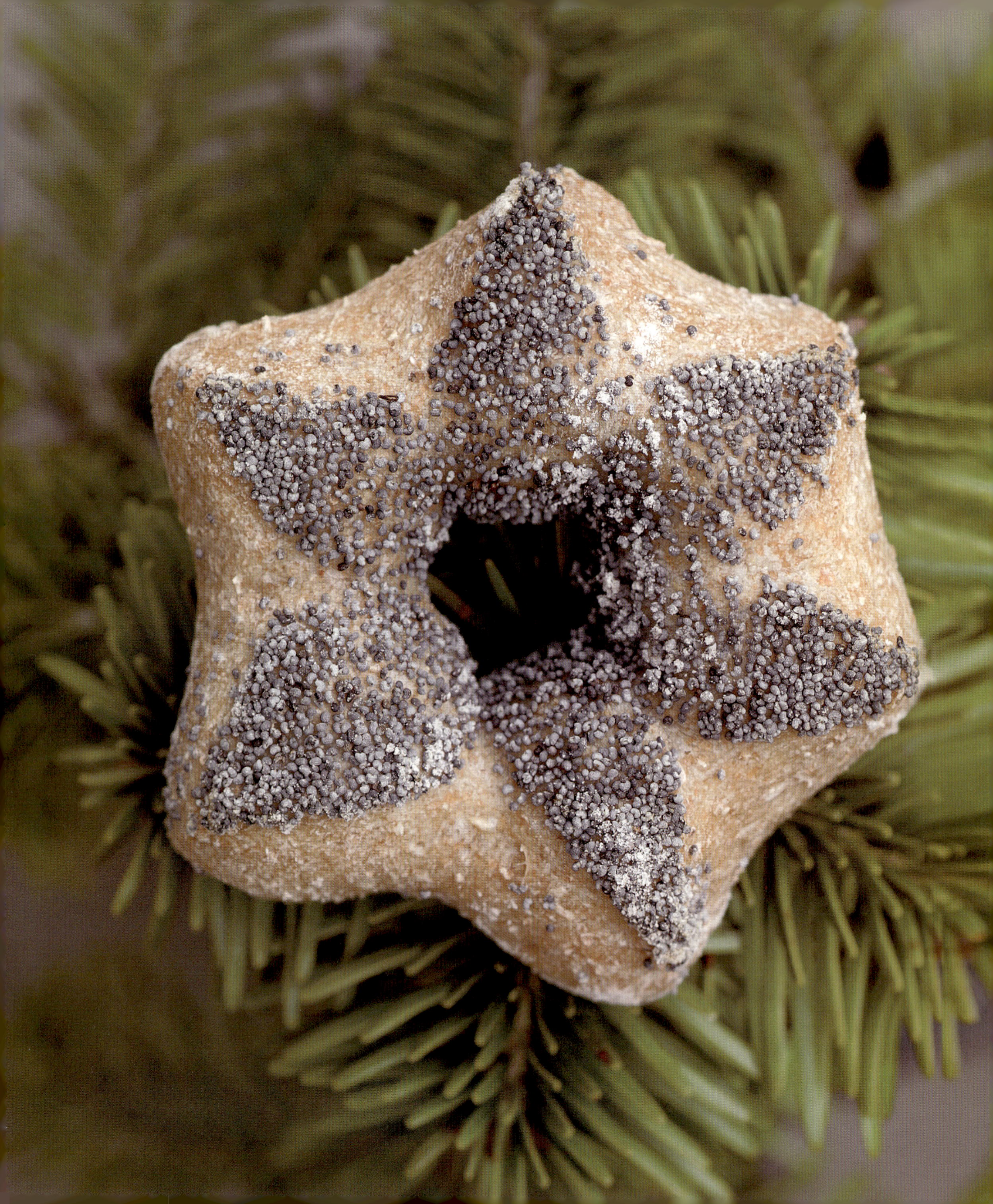

けしの実の星形パン

ほかのロールやスティックパンに混ざって置かれているととてもかわいいパンです。

できあがり数	12個
作業時間	45分
寝かせ時間	65分
発酵時間	45分
焼き時間	10-12分

材 料

1時間寝かせた茶色い生地(p.93を参照) ....基本量
けしの実...50g
(振りかける)小麦粉

作り方

- スクレイパーの曲線の縁を使って生地を出し、直線の縁を使って12個(各70g)に切り分け、それぞれをボールにして(p.28-29を参照)ふきんをかけ、5分寝かせます。

- 平皿にけしの実を広げ、別の皿に水を入れます。それからボール形の生地を手のひらで押して平たく延ばし、ひっくり返して上面をまず水につけ、続いてけしの実に押しつけてください。それから軽く粉を振った作業台に、けしの実のついた面を上にして置き、手で押してさらに少し平たくしてから、きれいに洗ったクレジットカード(のサイズのプラスチックカード)の短いほうの辺を使って生地の中心を通る直線の切り込みを入れます。生地の端まで切ってしまわないよう気をつけますが、生地の裏側がつながったままにならないようしっかりと深く切ってください。続いて最初の切り込みと交差する同様の切り込みをさらに2本入れ、3本の切り込みで星形ができるようにしてください。それから指先を使って生地を下から押して丁寧に裏返し、星の尖った部分を外に向けます。この生地をけしの実のついた側を上にしてベーキングトレイに乗せ、ふきんをかけて45分(2倍弱に膨らむまで)発酵させます。

- 生地を余熱したオーブンに入れ、オーブンの中を霧吹きで湿らせて10-12分焼きます。オーブンから取り出したら金網の上で冷ましてください。

雑穀パン

　素朴で歯ごたえのあるパンです。私はこれを作るのに雑穀ミックス［複数種類の雑穀が入った雑穀パン用のシリアル］を使っています。

できあがり数	ローフ2個
作業時間	15分
寝かせ時間	70分
発酵時間	1時間
焼き時間	15-20分

材料

全粒強力小麦粉	200g
精白強力小麦粉	175g
雑穀ミックス(マルチシリアル)	125g+トッピング用
酵母	10g
塩	10g
水	340g(340㎖)
(型に塗る)バター	

下準備

　500gサイズ(長さ20-22cm)のローフ型2つにバターを薄く塗ります。オーブンを250℃に余熱します。3種類の粉を混ぜた中に、酵母を指先で崩しながら加え、続いて塩と水を加えます。それから、p.22-25の手順にしたがって生地を作り、ボール形に整えたら軽く粉を振ったボウルに入れてふきんをかけ、1時間寝かせます。

作り方

- スクレイパーの曲線の縁を使って生地を作業台の上に出し、2等分してそれぞれをボール形にし、ふきんをかけてさらに10分寝かせます。

- 2つのボールをそれぞれロールにし(p.31を参照)、上面に少し水をつけて逆さにして雑穀ミックスの上で転がし、型に入れてふきんをかけて1時間(2倍弱に膨らむまで)発酵させます。

- オーブンの扉を開けて霧吹きで中を湿らせ、型を素早くオーブンの中のベーキングストーン(またはベーキングトレイ)に乗せ、扉を閉めて15-20分焼きます。取り出したら金網に乗せて冷ましてください。

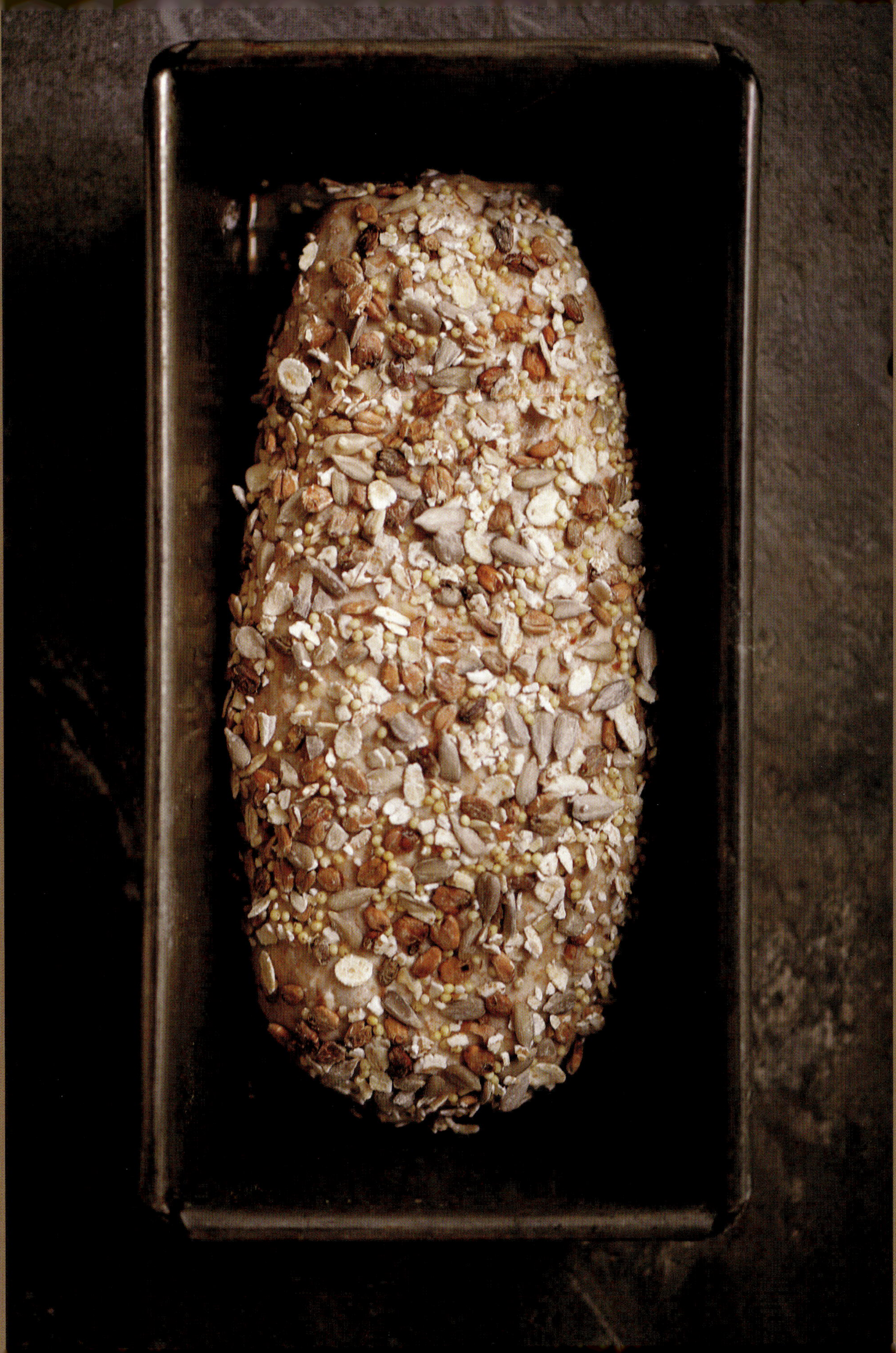

レーズンとヘーゼルナッツとエシャロットのパン

　チーズと手作りチャツネ、またはハムと上質のマスタードとともにトーストするととてもおいしいパンです。このパンのヒントになったのは、私が昔よく作っていた、鴨肉に添えるエシャロットのコンフィ［フランスの保存食。食材を風味と保存性をよくする素材に浸して調理したもの］です。甘さと香ばしさの絶妙なバランスを楽しんでください。

できあがり数......................ローフ2個
作業時間...............................45分
寝かせ時間..........................1時間半
発酵時間............1時間-1時間15分
焼き時間................................30分

材 料
茶色い生地(p.93を参照) ......基本量
高品質の軟らかいはちみつ
(できれば有機のもの) 小さじ1
油..少々
バター..大さじ2
エシャロット(薄切りにする) 80g
ヘーゼルナッツ(砕く)............80g
レーズン 80g
(振りかける)小麦粉

作り方

● フライパンを高温に熱し、まず油とバターを、次にエシャロットを入れてときどきかき混ぜます。エシャロットが軟らかく茶色くなったら、ヘーゼルナッツを加えて中火で1分加熱し、続いてレーズンを加えてかき混ぜ、さらに30秒加熱します。火から下ろしたら平皿かトレイに移して冷ましてください。

● p.22からの手順にしたがって生地を作ります。ただし塩と水を加えるときにはちみつも一緒に加え、生地に手で働きかける作業(または生地をミキサーで混ぜる作業)の最後に上記のエシャロットミックスを加えて生地に均一に混ぜてください。生地をボール形に整えたら(p.25を参照)軽く粉を振ったボウルに入れ、ふきんをかけて45分寝かせます。それから生地を一度作業台に出してボール形に整え直し、ボウルに戻してさらに45分寝かせます。

● 軽く粉を振った作業台の上に生地を出し、2等分してそれぞれをローフにします(p.31を参照)。それから軽く粉を振ったふきんをトレイに敷き、ふきんの中央部をつまんで山を作り、山の両側にローフを1つずつ(なめらかな面を下にして)置き、もう1枚のふきんをかけて1時間-1時間15分(ローフが2倍弱に膨らむまで)発酵させます。

● 2つのローフをひっくり返して木製ピール(または縁の平らなベーキングトレイ)に乗せ、かみそりの刃(またはよく切れるナイフ)でそれぞれの上部に深さ5mmの長い切り込みを入れます。それからオーブンの中に霧吹きで水を吹きかけ、ローフをベーキングストーン(またはベーキングトレイ)に移して約30分(ほどよい色がつくまで)焼きます。焼き上がったローフは底を指で叩くと空洞の音がします。オーブンから取り出したら金網に乗せて冷ましてください。

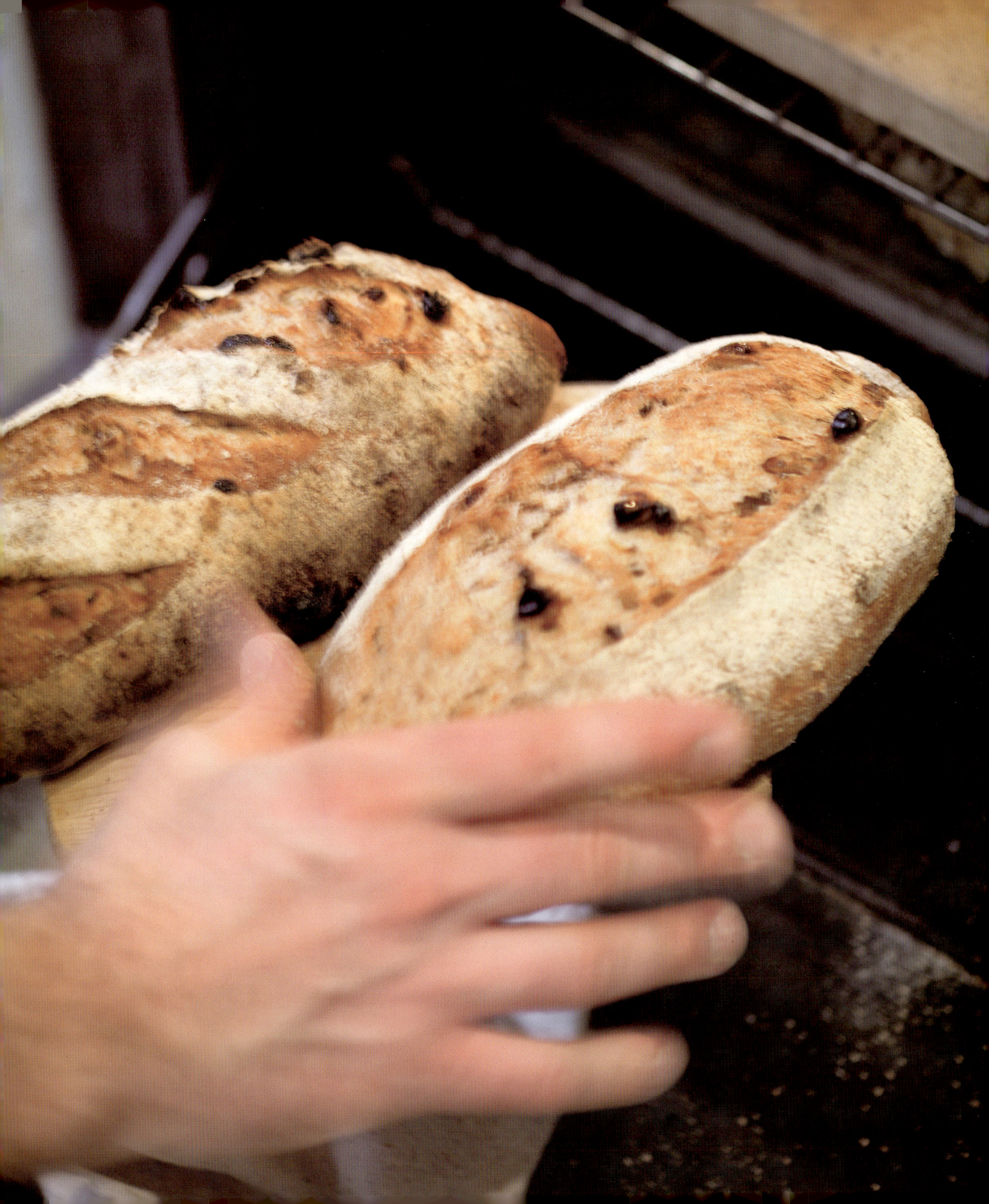

ピーカンナッツとクランベリーのパン

クリスマスにクランベリーのパンを、と思って作ったのがこのパンです。ピーカンナッツは最初に作ったときにたまたまあったので入れてみただけなのですが、その風味が見事に全粒粉と調和したのです。このパンはスティルトン[イギリス産のブルーチーズ]との相性も抜群です。

できあがり数……………………………大きなローフ1個
　　　　　　　　　　　　　　　　　または小さなローフ2個
作業時間……………………………………………20分
寝かせ時間…………………………………………65分
発酵時間……………………………………………1時間
焼き時間……………………………大きなローフなら40分
　　　　　　　　　　　　　　　　　小さなローフなら20分

材 料

茶色い生地(p.93を参照)………………………………基本量
ピーカンナッツ(剥き実)………………………………100g
ドライクランベリー……………………………………100g
オレンジの皮……………………………………………大1個分
(振りかける)小麦粉

下準備

ピーカンナッツを砕きます(私はめん棒で砕きますが、すり鉢とすりこぎを使ってもかまいません)。

ピーカンナッツ、クランベリー、オレンジの皮を混ぜます。生地に手で働きかける作業(または生地をミキサーで混ぜる作業)の最後にこのピーカン・クランベリーミックスを加えて生地に均一に混ぜてください。生地をボール形に整えたら(p.25を参照)軽く粉を振ったボウルに入れ、ふきんをかけて1時間寝かせます。

作り方

● たっぷりと粉を振った作業台の上に生地を出し、大きなローフを作るならそれを、小さなローフを作るなら2等分してそれぞれを、再びボール形に整えてさらに5分寝かせます。

● 生地を整え直して固いボールにし、なめらかな面を下にして、柳細工の発酵かごがあればそれに粉を振ってその中に入れ、なければ粉をたっぷり振ったふきんをボウルに敷いてその中に入れます。それから別のふきんをかけて1時間(生地が2倍弱に膨らむまで)発酵させてください。

● ボール形のローフをかご(またはボウル)から出し、木製ピール(または縁の平らなベーキングトレイ)に乗せてかみそりの刃(またはよく切れるナイフ)で上部に十字の切り込みを入れ、オーブンの扉を開けて霧吹きで中を湿らせ、素早くローフを入れて、小さなローフなら220℃に下げて5分、さらに200℃に下げて15分、大きなローフなら220℃に下げて5分、さらに200℃に下げて30-35分焼きます。オーブンから取り出したら金網に乗せて冷ましてください。

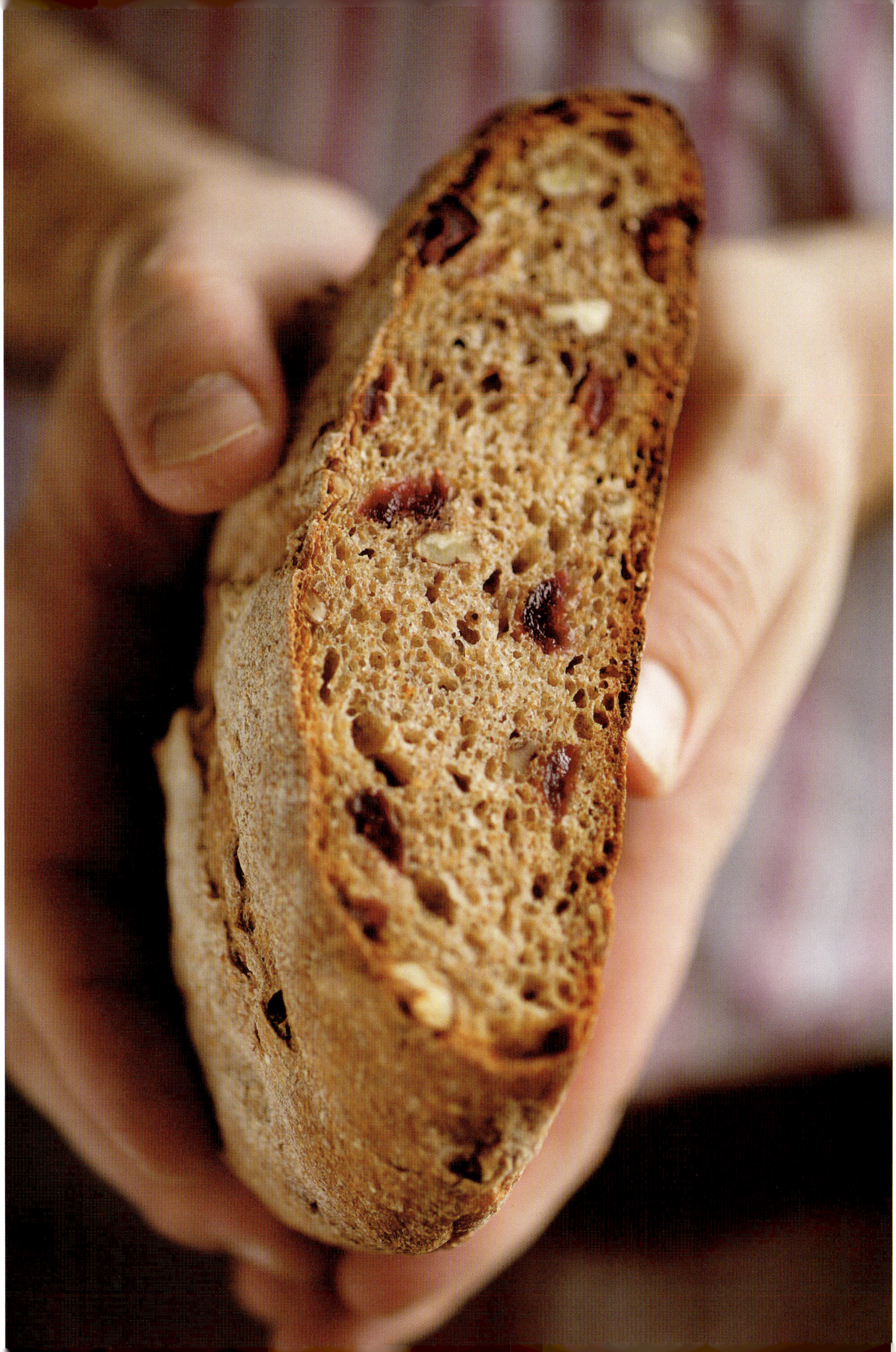

114　DOUGH　パン生地

全粒粉100%のパン

　このパンは白いパンに比べれば重いのですが、全粒粉100%のパンとしてはかなり軽いほうです。それはこのパンには「ポーリッシュ」という発酵種を使っているからです。「ポーリッシュ」はポーランドのパン職人がフランスに伝えたもので、パンに風味と個性を与え、生地を軽くするのに役立ちます。

できあがり数..................ローフ2個
作業時間..........................15分
寝かせ時間 .3-5時間(ポーリッシュ)
....生地(30分)
発酵時間 1時間
焼き時間 30-35時間

材 料
ポーリッシュ
酵母(できれば生酵母) 5g
ぬるま湯 ....250g(250mℓ)
全粒小麦粉 250g

全粒小麦粉..........................250g
酵母(できれば生酵母) 5g
塩 10g
水 ....80g(80mℓ)
(型に塗る)バター
(振りかける)全粒小麦粉

下準備

　500gサイズ(長さ20-22cm)のローフ型2つにバターを塗ります。
　ポーリッシュを作ります。酵母をぬるま湯に入れ、泡立て器で混ぜて完全に溶かし、小麦粉を加えてさらに泡立て器でもったりするまでよく混ぜ、ふきんをかけて3-5時間寝かせてください。その間に2倍ほどに膨らむはずです。生地がまずドーム形になり、そのあと少し潰れた感じになったらポーリッシュは完成なので、その時点ですぐに使うようにしてください。それ以上寝かせると構造が崩れてきます。
　ポーリッシュを残りの材料と合わせてスクレイパーでよく混ぜ、p.24-25の手順にしたがって手で働きかけます。生地がしなやかになって手や作業台につかなくなったら生地をボール形に整えて軽く粉を振ったボウルに入れ、ふきんをかけて15分寝かせます。それからオーブンを250℃に余熱してください。

作り方

- スクレイパーの曲線の縁を使って生地を作業台の上に出し、2等分してそれぞれをボール形にし、ふきんをかけてさらに15分寝かせます。

- ボール形の2つの生地を固いローフにして(p.31を参照)バターを塗った型に入れ、ふきんをかけて1時間(2倍弱に膨らむまで)発酵させます。

- ローフの上面に粉を軽く振りかけ、余熱したオーブンにローフを入れ、オーブンの中に霧吹きで水を吹きかけて扉を閉め、30-35分(ローフの底を指で叩いたときに空洞の音がするようになるまで)焼きます。オーブンから取り出したら金網に乗せて冷ましてください。

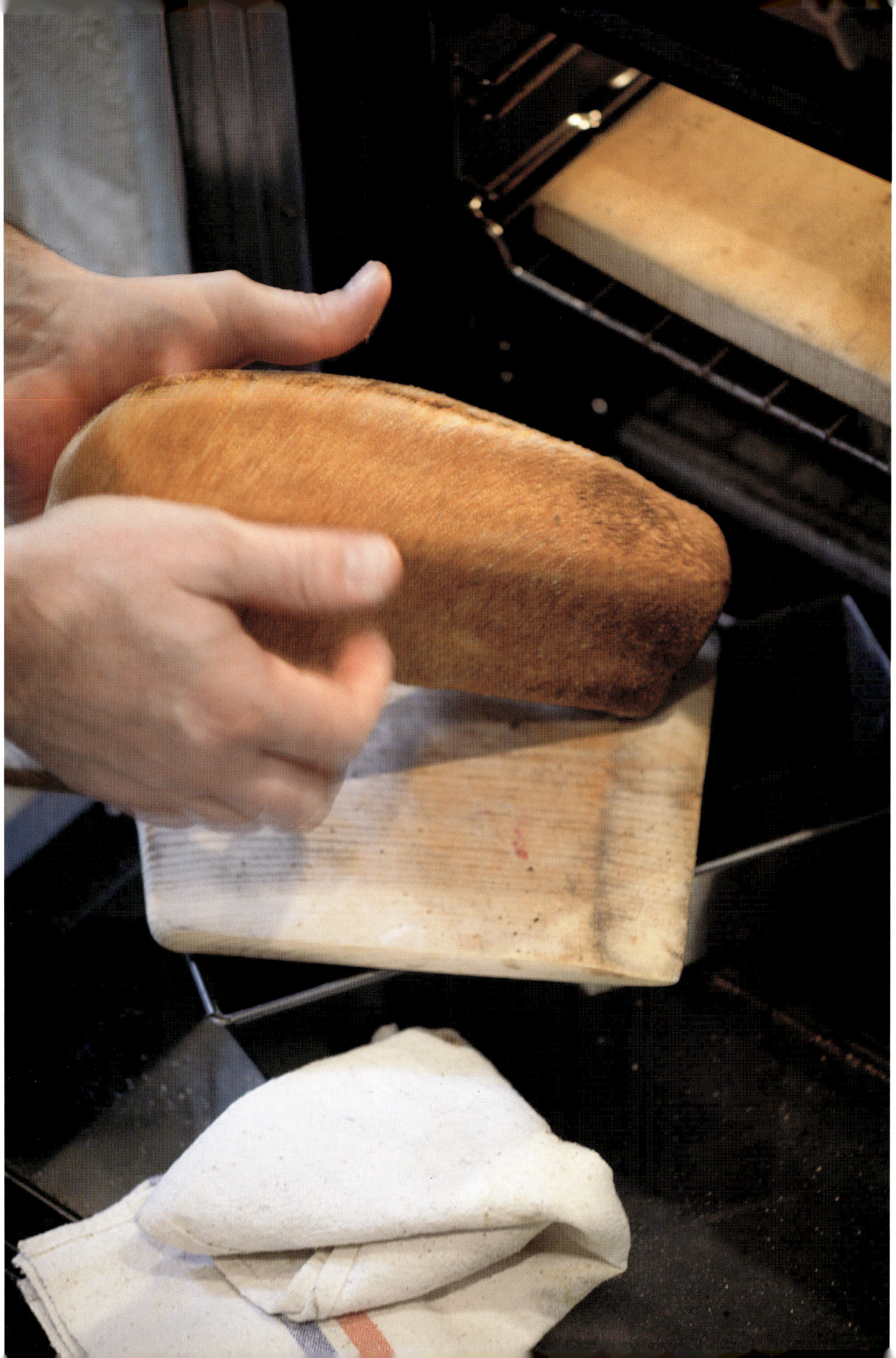

4. ライ麦の生地

Rye
「ライ麦」＝粗いもの；
ざらざらしたもの；色の濃いもの

ライ麦の生地

　ライ麦パンと聞くと、プンパーニッケルのような北欧風またはドイツ風の黒くて重いパンを思い浮かべる人が多いでしょう。しかし、ライ麦粉に精白小麦粉を加えて作ると、もっと軽くてきめの細かい、本当においしくて素朴なパンができあがります。どっしりと仕上げたいときはライ麦粉の割合を多くし、軽く仕上げたいときは精白小麦粉の割合を多くしてください。

　生地作りはオーブンを250℃に余熱してから始めてください。

基本量の材料

精白強力小麦粉	400g
全粒ライ麦粉	100g
酵母（できれば生酵母）	10g
塩	10g
水	350g

（または350ml……ただし重さを計るほうが正確）

作り方

　2種類の粉を混ぜ、そこに酵母を指先で崩しながら加え、続いて塩と水を加えます。その他はp.22-25の手順にしたがってください。ただしレシピによってはこの段階でほかの材料を加える必要があるので、事前に確認してください。

サマセット
シードルの
パン
p.128

パン・ド・
カンパーニュ
p.132

ライ麦パン
p.134

ライ麦と
キャラウェイと
レーズンの
パン
p.124

オリーブ
パン
p.122

くるみパン
p.120

アニスと
ギネスの
パン
p.130

スモーク
ベーコンと
紫玉ねぎの
パン
p.126

くるみパン

　私はこのくるみパンにデーツも入れることがあります(ちなみにプルーンは全粒粉のパンとの相性が、デーツはライ麦のパンとの相性が抜群です。また、レーズンもライ麦生地とよく合います)。ドライフルーツを入れたい場合は刻んだデーツまたはレーズンを125g使い、くるみの量を150gに減らしてください。

できあがり数	2個
作業時間	30分
寝かせ時間	65分
発酵時間	1時間
焼き時間	20分

材料

ライ麦の生地(p.117を参照)......基本量
くるみ(剥き実をめん棒またはすり鉢とすりこぎで砕く。いびつに砕けているほうがオイルが生地に浸透しやすい)......200g
(振りかける)小麦粉

作り方

- p.22-25の手順にしたがって生地を作ります。ただし生地に手で働きかける作業(または生地をミキサーで混ぜる作業)の最後にくるみを加えて生地に均一に混ぜてください。生地をボール形に整えたら(p.25を参照)軽く粉を振ったボウルに入れ、ふきんをかけて1時間寝かせます。それからスクレイパーの曲線の縁を使って、軽く粉を振った作業台の上に生地を出し、2等分してそれぞれをボール形に整え、ふきんをかけて、さらに5分寝かせてください。それから生地を成形し直して固いボールにし、各ボールの中心にめん棒の末端を押し込んで穴を開け、両手に粉をつけて穴を広げます。穴は生地が膨らんだときに閉じてしまわないように、握りこぶし1つ分以上の大きさに広げてください。このリング2つを粉を振ったふきんの上に置き、もう1枚のふきんをかけて約1時間(2倍弱に膨らむまで)発酵させます。それからリングを木製ピール(または縁の平らなベーキングトレイ)に移し、かみそりの刃(またはよく切れるナイフ)で穴の周りに等間隔に3本の切り込みを入れます。続いて余熱したオーブンの扉を開けて中を霧吹きで湿らせ、素早くリングをベーキングストーンに移し、温度を220℃に下げて5分、200℃に下げて15分焼きます。オーブンから取り出したら金網に乗せて冷ましてください。

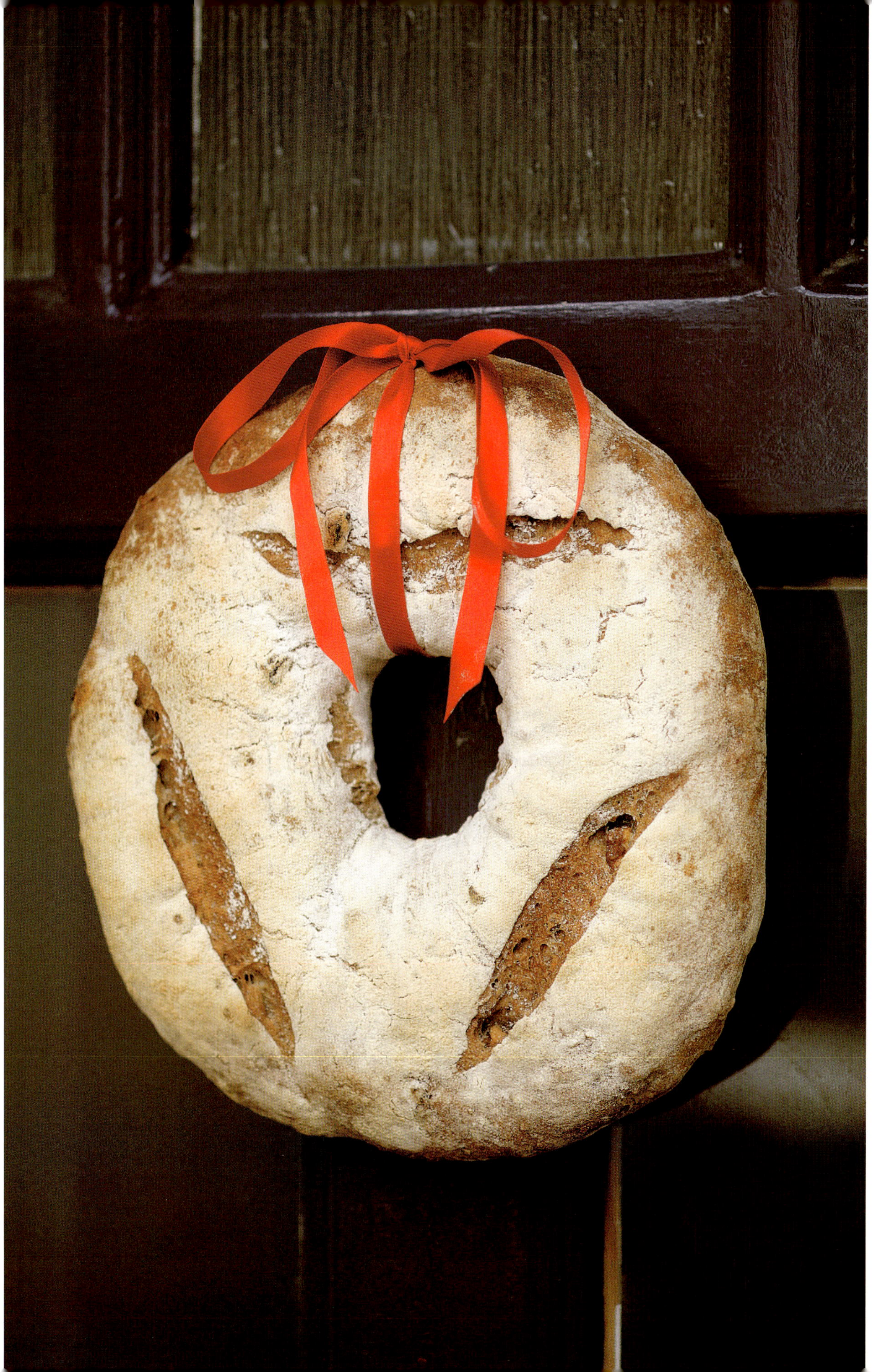

オリーブパン

　プロヴァンスの市場に行くと、黒いオリーブペーストの詰まった小型のパン・ド・カンパーニュのような美しいパンをよく見かけます。それをヒントに作ったのがこのパンです。

できあがり数	ローフ3個
作業時間	40分
寝かせ時間	1時間
発酵時間	1時間
焼き時間	18-20分

材 料

1時間寝かせたライ麦の生地 .... 基本量
(p.117を参照)
オリーブペースト 100g
(振りかける)小麦粉

作り方

- 軽く粉を振った作業台の上に、スクレイパーの曲線の縁を使って生地を出し、3等分してそれぞれを手のひらで押し延ばし、長方形に近い形にします。それから表面にオリーブペーストを延ばし、ローフの形に整えてください(p.31を参照)。

- 3つのローフを合わせ目を下にして軽く粉を振ったふきんの上に置き、ローフ自体にも粉を振ります。ローフとローフが膨らんだときにくっつかないように、間のふきんをつまんで山を作ってください。それからもう1枚のふきんをかけ、1時間(2倍弱に膨らむまで)発酵させます。

- ローフを木製ピール(または縁の平らなベーキングトレイ)に移し、かみそりの刃(またはよく切れるナイフ)を使って各ローフの中心に1本の長い切り込みを入れます。それから余熱したオーブンの扉を開けて中を霧吹きで湿らせ、素早くローフを熱いベーキングストーン(またはベーキングトレイ)に滑らせて扉を閉め、18-20分焼きます。焼き上がったローフは底を指で叩くと空洞の音がします。冷ますときは金網に乗せてください。

オリーブペースト

　オリーブ(ピッチョリーネかそれに似たもの)180gの水気を切って種を取り、エルブ・ド・プロヴァンス(プロヴァンス風のハーブミックス)小さじ2とエキストラバージンオリーブオイル20gとともにフードプロセッサーで粗いペーストにするだけです。密閉容器に入れておけば冷蔵で数日、冷凍で数週間保存できます。冷凍したペーストを使うときは常温で解凍してからレモン汁を数滴加えて新鮮さをプラスしてください。できあがり量は200gです。

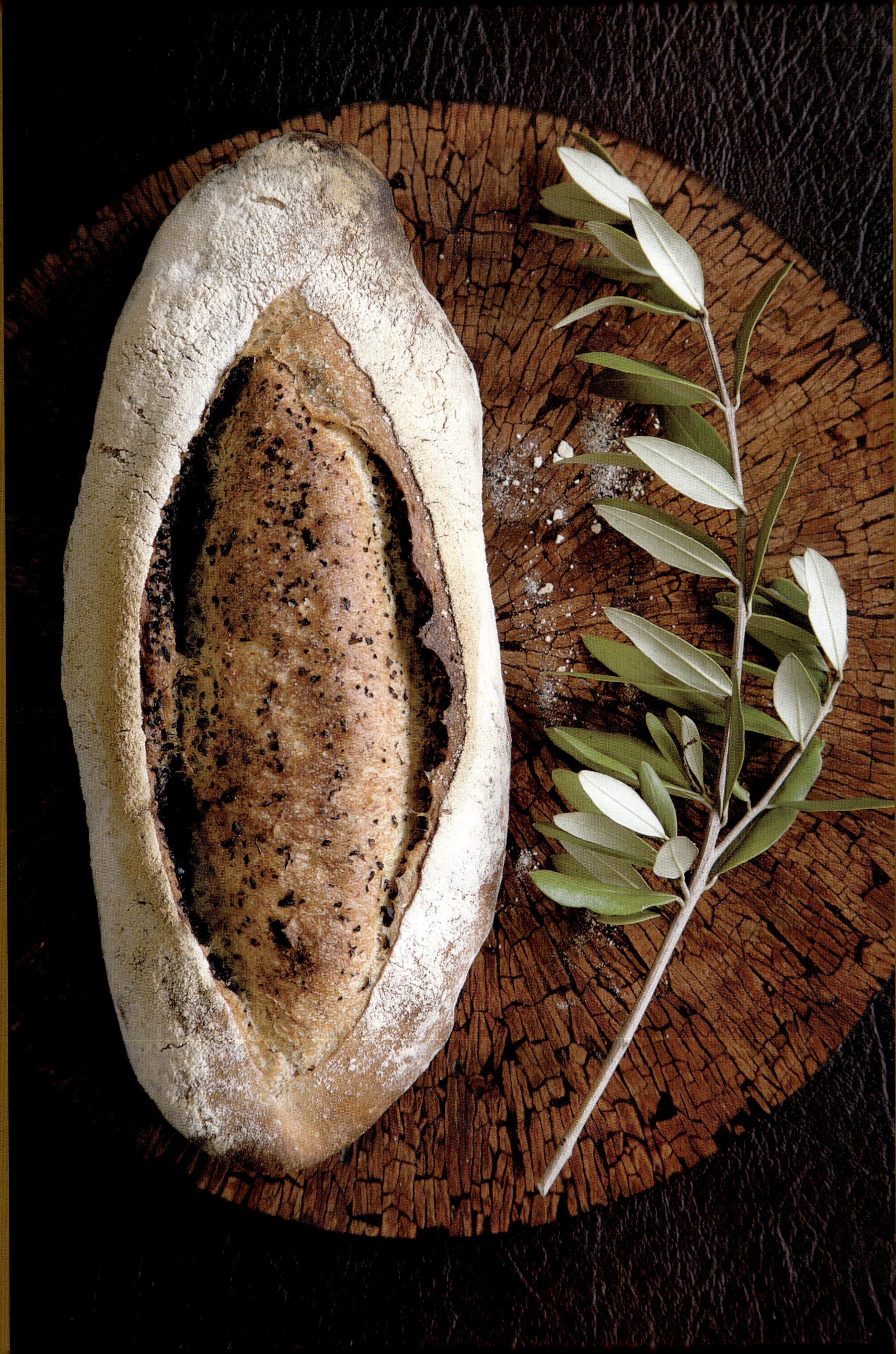

124　DOUGH　パン生地

ライ麦とキャラウェイと レーズンのパン

　ライ麦とキャラウェイは定番の組み合わせですが、レーズンもプラスして甘さを加え、チーズ(とくにブルーチーズ)によく合うパンにしました。キャラウェイは私のお気に入りのスパイスの1つで、とくにパンが焼けるときのキャラウェイの香りはたまりません。でも私ほどキャラウェイ狂いでない人は、量を少し減らしてもかまいません。

できあがり数	ローフ2個
作業時間	20分
寝かせ時間	70分
発酵時間	1時間
焼き時間	30分

材料

ライ麦の生地(p.117を参照)	基本量
サルタナレーズン	250g
キャラウェイシード	小さじ1
(振りかける)小麦粉	

下準備

　レーズンとキャラウェイシードを混ぜます。
　p.22-25の手順にしたがって生地を作ります。ただし生地に手で働きかける作業(または生地をミキサーで混ぜる作業)の最後にレーズンとキャラウェイシードを加えて生地に均一に混ぜてください。生地をボール形に整えたら(p.25を参照)ボウルに入れてふきんをかけ、1時間寝かせます。

作り方

● 軽く粉を振った作業台の上に、スクレイパーの曲線の縁を使って生地を出し、2等分してそれぞれをボール形に整え、ふきんをかけて10分寝かせます。

● 各ボールを長さ約20cmの固いローフにし(p.31を参照)、軽く粉を振ったふきんの上に合わせ目を上にして置き、膨らんだときに2つのローフがくっつかないように、2つの間のふきんをつまんで山を作ります。それからもう1枚のふきんをかけ、1時間(2倍弱に膨らむまで)発酵させます。

● ローフをひっくり返して木製ピール(または縁の平らなベーキングトレイ)に乗せ、かみそり(またはよく切れるナイフ)で上部に葉脈模様(真ん中に長い1本と、そこから枝が出る形で両側に各4本)の切り込みを入れます。それから余熱したオーブンの中を霧吹きで湿らせ、ローフをベーキングストーン(またはベーキングトレイ)に滑らせて素早く扉を閉め、温度を220℃に下げて30分焼いてください。焼き上がったローフは底を叩くと空洞の音がします。オーブンから取り出したら金網に乗せて冷ましてください。

ライ麦の生地 125

126　DOUGH　パン生地

スモークベーコンと紫玉ねぎのパン

スモークベーコンと紫玉ねぎの相性は抜群です。この美しいローフはスライスしてサンドイッチにしたり、鶏レバー入りのサラダなどに添えたりするのに向いています。ベーコンはできれば伝統的な方法で塩漬けされた上質のものを使ってください。バルサミコ酢はフライパンから焦げつきを剥がすために少し使うだけなので、最高品質のものでなくてかまいません。また、バルサミコ酢の代わりに同量の赤ワインか赤ワインビネガーを使ってもかまいません。

できあがり数	小型のローフ4個
作業時間	30分
寝かせ時間	70分
発酵時間	1時間15分
焼き時間	20分

材 料

ライ麦の生地(p.117を参照)	基本量
オリーブオイル	大さじ1
スモークベーコン(細切りにする)	厚いスライス8枚分
紫玉ねぎ(極薄に切る)	大1個分
バルサミコ酢	大さじ1
(振りかける)小麦粉	

作り方

- オーブンを250℃に余熱します。フライパンにオリーブオイルを熱し、ベーコンを中火で2-3分(茶色くなってカリッとしてくるまで)炒め、玉ねぎを加えてさらに2-3分炒めます。それからバルサミコ酢を注いで1分ほどかき混ぜ、フライパンの底にこびりついたベーコンをこそげ落とします。このベーコンと玉ねぎと煮汁を皿に移して冷ましてください。

- p.22-25の手順にしたがって生地を作ります。ただし生地に手で働きかける作業(または生地をミキサーで混ぜる作業)の最後に上記のベーコンミックスを加えて生地に均一に混ぜてください。生地をボール形に整えたら(p.25を参照)、軽く粉を振ったボウルに入れてふきんをかけ、1時間寝かせます。

- 軽く粉を振った作業台の上に、スクレイパーの曲線の縁を使って生地を出し、4等分してそれぞれをボール形に整え、ふきんをかけてさらに10分寝かせます。それから各ボールを固いボールに整え直し、軽く粉を振ったふきん1-2枚の上になめらかな面を上にして並べ、別のふきん1-2枚をかけて約1時間15分(2倍弱に膨らむまで)発酵させます。

- 4つのボール形のローフを木製ピール(または縁の平らなベーキングトレイ)に移し、かみそり(またはよく切れるナイフ)でそれぞれの上面に円形の切り込みを入れます。それからオーブンの中を霧吹きで湿らせ、素早くローフをベーキングストーン(またはベーキングトレイ)に滑らせ、温度を220℃に下げて5分、190℃に下げて15分焼いてください。焼き上がったローフは底を指で叩くと空洞の音がします。オーブンから取り出したら金網に乗せて冷ましてください。

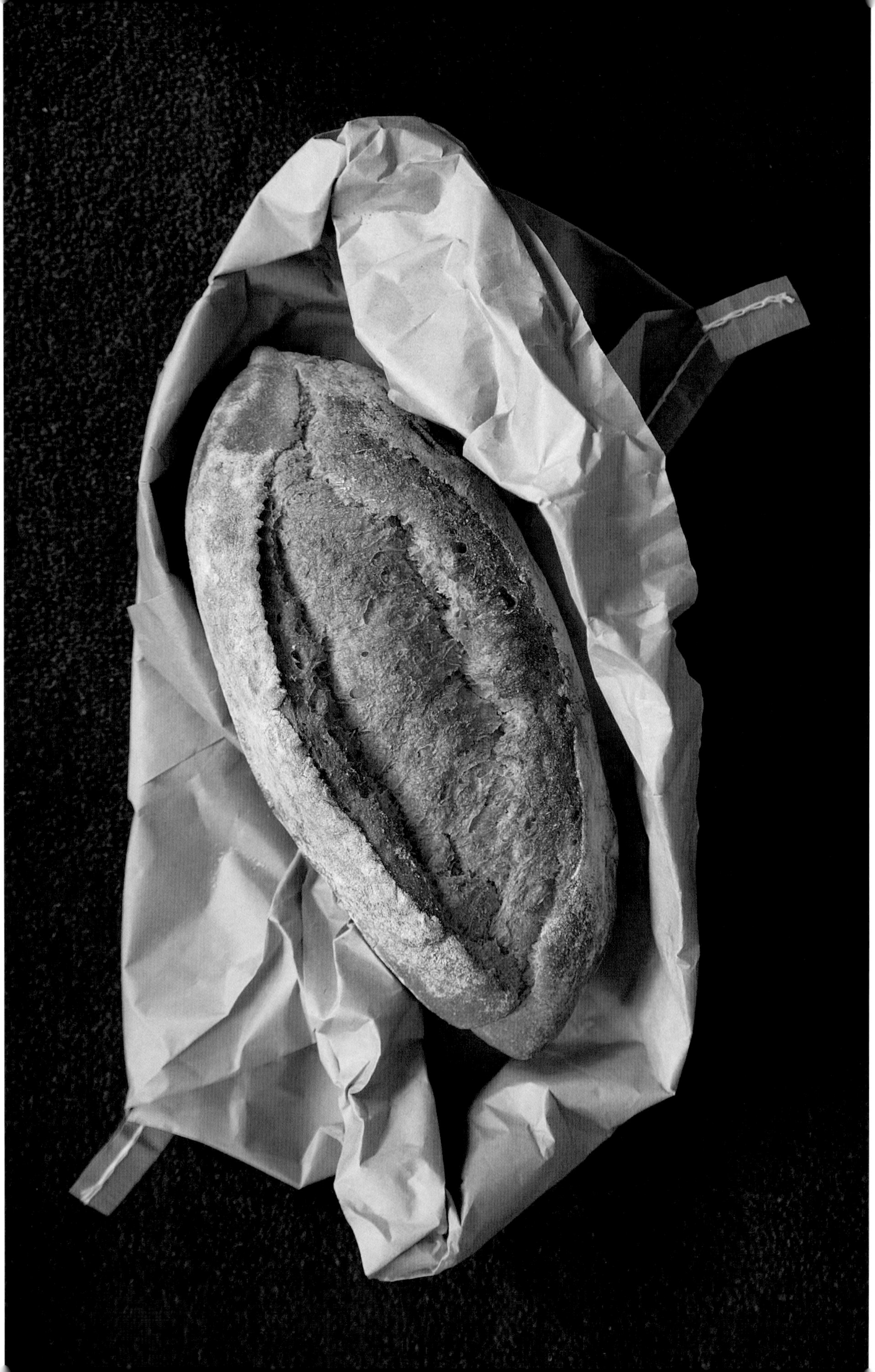

サマセットシードルのパン

　これは私が家族とバースにやってきて料理学校を立ち上げた記念に作ったパンです。そのため、フランスで同じようなパンを作るときに使っていたブルターニュ産のシードル(りんご酒)でなく、イギリスのサマセット・シードル・ブランデー社のジュリアン・テンパレイ氏が手塩にかけたバローヒル・シードルを使っています。シードルやエールをパンに加える習慣は昔からあり、パンに田園風の素朴な個性をプラスする効果があります。また、ライ麦の生地の発酵種は味わいをさらに深めるために加えます。このパンは上質のハムやチェダーチーズととてもよく合います。発酵種は大量の生地と合わせたほうがよく働くので、このパンは一度にできるだけたくさん作ることをお勧めします。

できあがり数................ローフ4個
作業時間..........................20分
寝かせ時間 ....4-6時間(発酵種)
　　　　　　　　　1時間半(生地)
発酵時間........1時間15分-1時間半
焼き時間..........................45分

材料

発酵種
4-6時間寝かせたライ麦の生地
(p.117を参照)
....................基本量の1/2

酵母(できれば生酵母) 10g
精白強力小麦粉 750g
全粒ライ麦粉 250g
塩 20g
高品質の辛口シードル 450g
水 ....150g(150mℓ)
(振りかける)小麦粉

作り方

- スクレイパーを使って発酵種をひと塊のまま容器からボウルに出し、残りの材料を(シードルは水と一緒に)加えます。それからp.22-25の手順にしたがって生地を作り、ボール形にして(p.25を参照)軽く粉を振ったボウルに入れ、ふきんをかけて45分寝かせます。

- 軽く粉を振った作業台の上に、スクレイパーの曲線の縁を使って生地を出し、ボール形に整え直してボウルに戻し、ふきんをかけてさらに45分寝かせます。

- 軽く粉を振った作業台の上に、スクレイパーを使って生地を出し、4等分してそれぞれをローフにし(p.31を参照)、軽く粉を振ったふきん2枚の上に2つずつ乗せて、膨らんだときにくっつかないように、並んだ2つの間のふきんをつまんで山を作ります。これらに別のふきんをかけ、1時間15分-1時間半(2倍弱に膨らむまで)発酵させてください。

- ローフをひっくり返して木製ピール(または縁の平らなベーキングトレイ)に乗せ、かみそりの刃(またはよく切れるナイフ)でそれぞれの上面に縦に1本ずつ切り込みを入れます。それから余熱したオーブンの中を霧吹きで湿らせ、ローフをベーキングストーン(またはベーキングトレイ)に移してまず10分、温度を200℃に下げて約35分(ほどよく色づくまで)焼いてください。焼き上がったローフは底を指で叩くと空洞の音がします。オーブンから取り出したら金網に乗せて冷ましてください。

アニスとギネスのパン

私はアニスが大好きです。とくにパスティス（アニス風味のリキュール）はたまりません。また、「ブラックベルベット」というカクテルのベースがシャンパンまたはパスティスとギネス（ギネスは私がイギリスへ来て好きになったものの1つです）であることから考えても、パスティスとギネスの組み合わせは完璧なのだと思います。このパンはアイルランド風の魚介料理（とくにかき料理）、そしてさらにもう少しの冷たいギネス（これはグラスに入れて）ととてもよく合います。

できあがり数	ローフ3個
作業時間	30分
寝かせ時間	3時間35分
発酵時間	1時間半
焼き時間	30分

材 料

酵母（できれば生酵母）	25g
ギネス（常温）	700g（700mℓ）
全粒ライ麦粉	250g
精白強力小麦粉	750g
塩	20g
パスティス	大さじ1
（振りかける）小麦粉	

作り方

- 大きなミキシングボウルにギネスを入れ、酵母を加えて泡立て器で混ぜて完全に溶かします。それからライ麦粉と400gの小麦粉を加えてさらに泡立て器で混ぜ、もったりとしてきたら、ふきんをかけて2時間寝かせます。

- オーブンを250℃に余熱します。残りの材料を加えてよく混ぜてから、p.22-25の手順にしたがって生地を作ります。生地がしなやかになって弾力を増し、手につかなくなるまで十分に働きかけてください。生地をボール形に整えたら粉を振ったボウルに入れ、ふきんをかけて45分寝かせます。

- 軽く粉を振った作業台の上に、スクレイパーの曲線の縁を使って生地を出し、ボール形に整え直してボウルに戻し、ふきんをかけてさらに45分寝かせます。それから再びスクレイパーを使って生地を出し、3等分してそれぞれをボールにし、作業台の上でふきんをかけ、さらに5分寝かせます。それからボールをローフにし（p.31を参照）、ふきんを2枚敷いて軽く粉を振ったベーキングトレイの上に間隔を空けて並べ、もう1枚のふきんをかけて1時間半（2倍弱に膨らむまで）発酵させます。

- ローフを木製ピール（または縁の平らなベーキングトレイ）に乗せ、かみそり（またはよく切れるナイフ）で上面に斜めの切り込みを2本ずつ入れ、余熱したオーブンの中を霧吹きで湿らせ、ローフをベーキングストーン（またはベーキングトレイ）に滑らせて25分（濃い豊かな色がつくまで）焼きます。焼き上がったローフは底を叩くと空洞の音がします。オーブンから取り出したら金網に乗せて完全に冷ましてください。

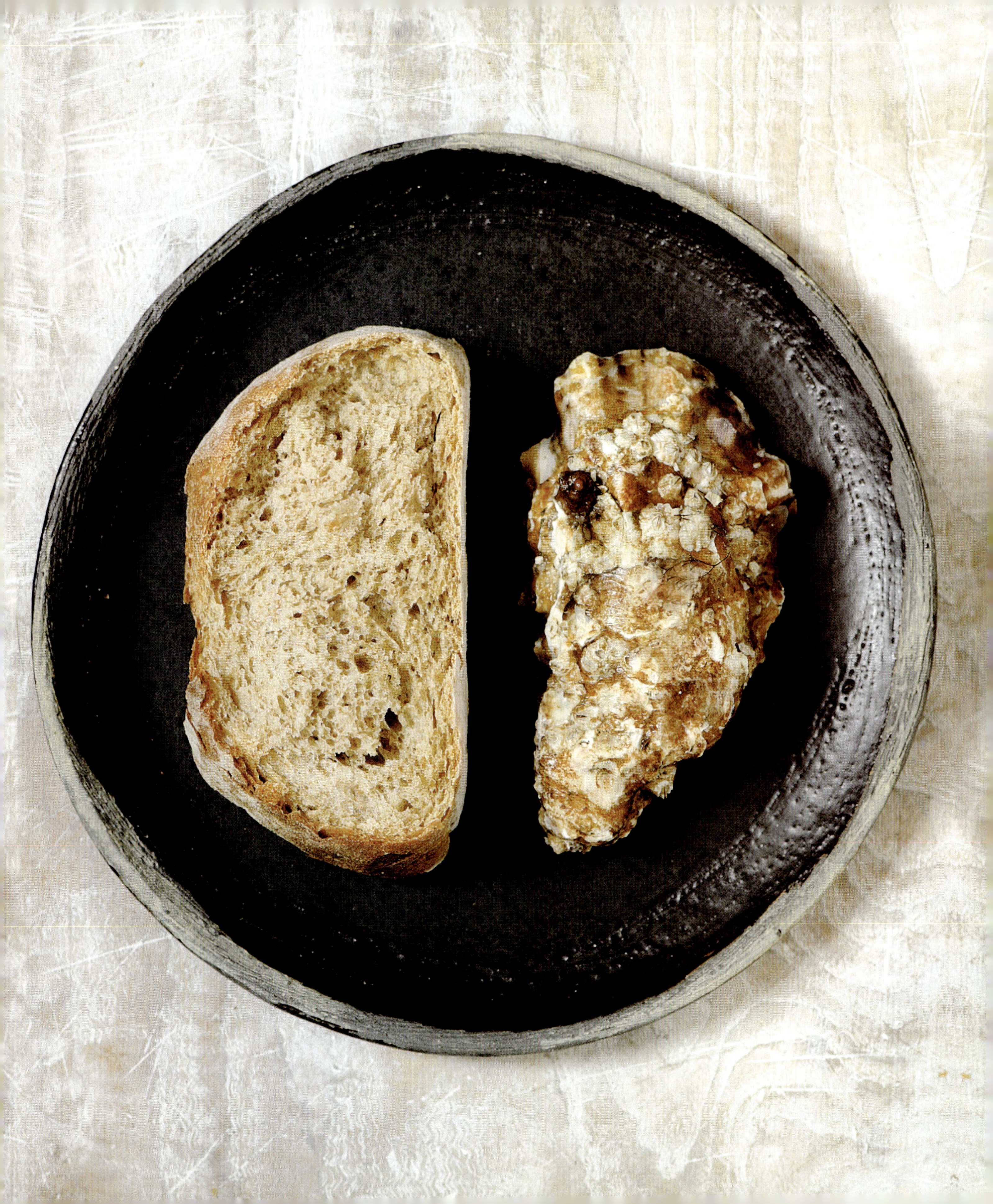

パン・ド・カンパーニュ

　パン・ド・カンパーニュはサワー種のパンの弟分だと考えてください。サワー種のパンは最近人気が復活していますが、これを伝統的な方法で作るのは大変です。というのも、サワー種を作るには、市販の酵母を使わずに生地を長時間寝かせて空気中に存在する天然の酵母を集めなければならないからです。しかしこの手間がサワー種のパン特有の強くしっかりとした風味につながるのです。パン・ド・カンパーニュはサワー種のパンと同様に数日保存することができ、日が経つとともに風味が増していきます。パン・ド・カンパーニュはブルスケッタ(オープンサンドのようなイタリア料理の前菜)のように、トーストしてにんにくやトマトをこすりつけ、好きなものを乗せてに食べるのにも向いています。

できあがり数……………ローフ2個
作業時間…………………30分
寝かせ時間………4-6時間(発酵種)
　　　　　　………2時間半(生地)
発酵時間………………1時間15分
焼き時間………………30-35分

材料

発酵種
ライ麦の生地(p.117を参照)をボウルに入れてラップをかけ、冷蔵庫で4-6時間または1晩寝かせてから常温に戻したもの
　　　　　　………基本量の1/2

精白強力小麦粉……………500g
全粒ライ麦粉………………100g
酵母(できれば生酵母)………5g
塩……………………………15g
水………………400g(400㎖)
(振りかける)小麦粉

作り方

● スクレイパーを使って発酵種をひと塊のままミキシングボウルに出し、ほかの材料を加えてください。その他はp.22-25の手順にしたがって生地を作ります。生地がしなやかになって弾力を増し、ねばつかなくなるまで十分に働きかけてください。生地をボール形に整えたら(p.25を参照)軽く粉を振ったボウルに入れ、ふきんをかけて1時間寝かせます。

● 軽く粉を振った作業台の上に、スクレイパーの曲線の縁を使って生地を出し、ボール形に整え直してボウルに戻し、ふきんをかけてさらに1時間寝かせます。

● 上の手順を寝かせる時間を30分にしてもう一度繰り返します。それから再びスクレイパーを使って、しっかりと粉を振った作業台の上に生地を出して2等分(1つが約600gになるように)し、それぞれをボールにしてください。この2つを軽く粉を振った柳細工の発酵かご2つ(またはふきんを敷いてしっかりと粉を振ったボウル2つ)に1つずつ合わせ目を下にして入れ、別のふきんをかけて1時間15分(生地が2倍弱になるまで)発酵させます。

● ボール形のローフを木製ピール(または縁の平らなベーキングトレイ)に合わせ目を下にして乗せ、かみそり(またはよく切れるナイフ)で上面に円形の切り込みを入れます。それから余熱したオーブンの扉を開け、中を霧吹きで湿らせてローフを素早くベーキングストーン(またはベーキングトレイ)に滑らせ、温度を220℃に下げて25-30分(濃い茶色になるまで)焼きます。焼き上がったローフは底を指で叩くと空洞の音がします。オーブンから取り出したら金網に乗せて冷ましてください。

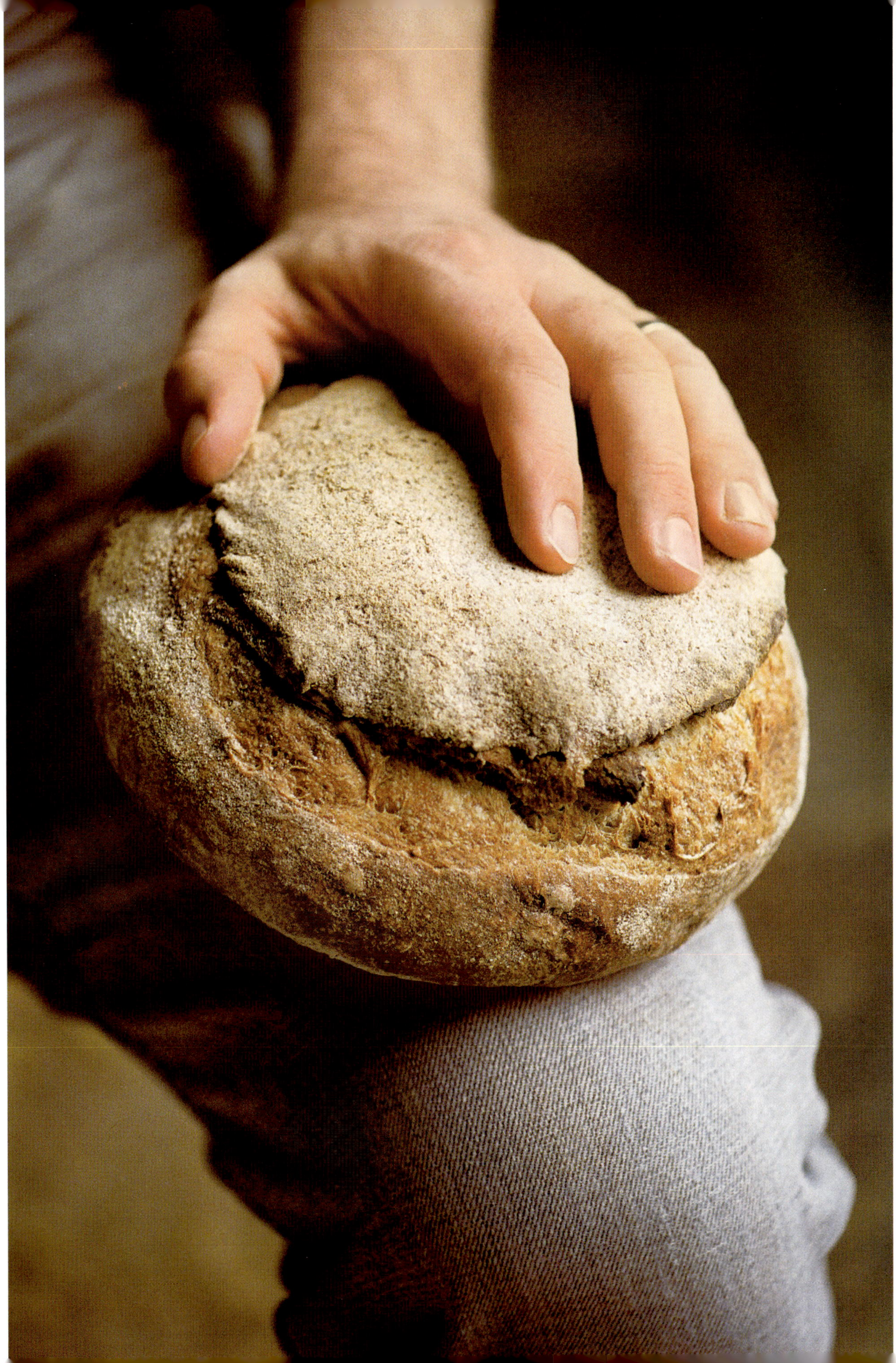

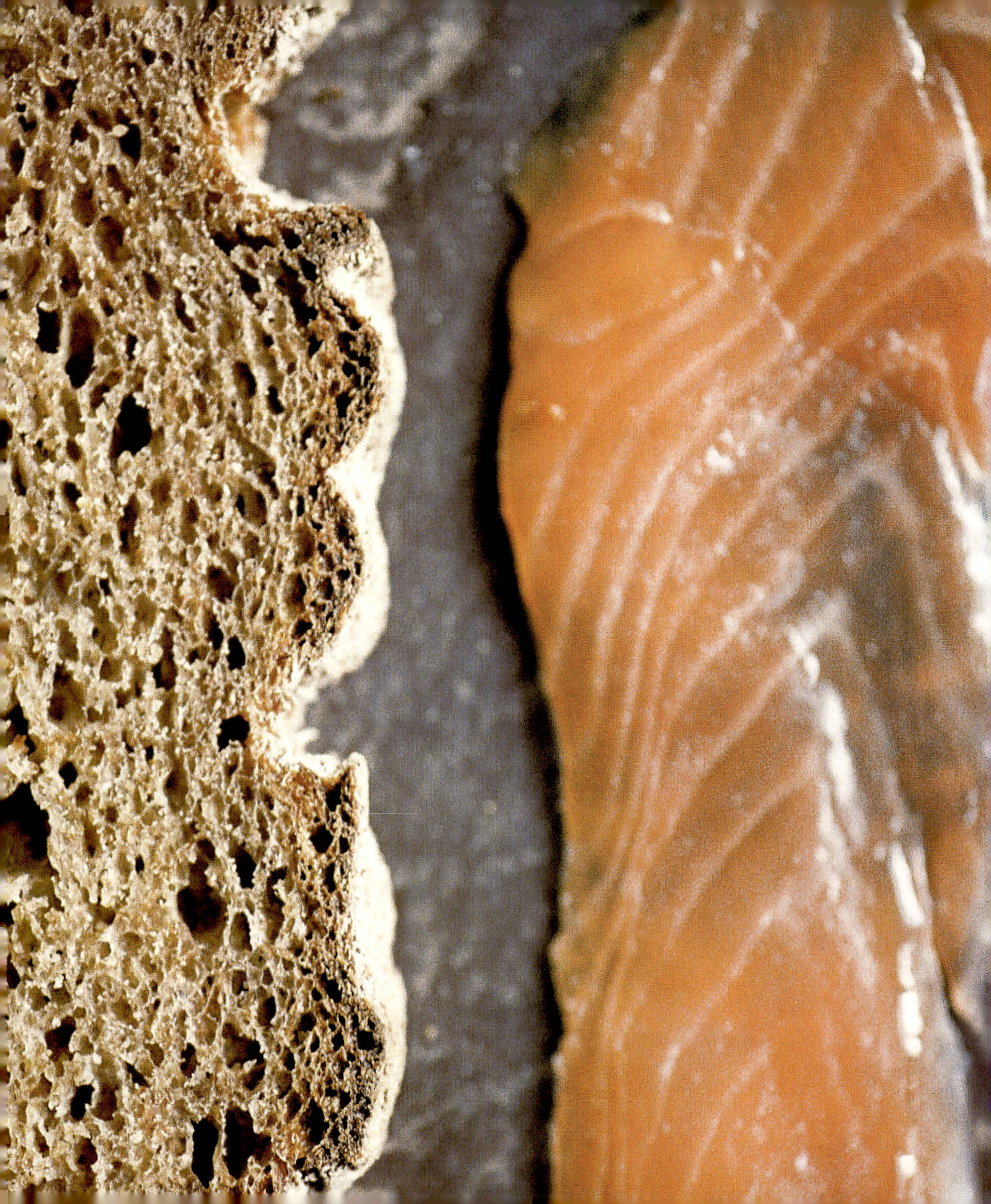

ライ麦パン

　このパンも「ポーリッシュ」(p.114を参照)の独特な風味を利用しておいしさを増した少し複雑なローフです。焼き上げたあとに一度冷ましてから食べたほうがいいのはどのパンも同じですが、このパンは温かいうちはとくに消化が悪いので、必ず数時間かけて冷ましてからナイフを入れるようにしてください。

できあがり数.................ローフ2個
作業時間.........................30分
寝かせ時間
　...............3-5時間(ポーリッシュ)
　.........................95分(生地)
発酵時間...........................1時間
焼き時間......................45-50分

材料

ポーリッシュ
酵母(できれば生酵母)...............6g
ぬるま湯.................275g(275㎖)
全粒ライ麦粉.........................250g

全粒ライ麦粉.........................200g
精白強力小麦粉....................210g
塩..15g
ぬるま湯.................115g(115㎖)
(振りかける)小麦粉

下準備

　ポーリッシュを作ります。酵母をぬるま湯に入れて泡立て器で混ぜて完全に溶かし、ライ麦粉を加えてさらに泡立て器でもったりするまでよく混ぜます。それからふきんをかけて3-5時間寝かせてください。生地がまずドーム形になり、そのあと少し潰れた感じになったらポーリッシュは完成なので、その時点ですぐに使ってください。それ以上寝かせると構造が崩れてきます。
　ポーリッシュを残りの材料と合わせてよく混ぜ、p.22-25の手順にしたがって生地に手で働きかけ(または生地をミキサーにかけ)ます。生地をボール形に整えたら(p.25を参照)軽く粉を振ったボウルに入れ、ふきんをかけて45分寝かせます。それからオーブンを250℃に余熱してください。

作り方

● 軽く粉を振った作業台の上に、スクレイパーの曲線の縁を使って生地を出し、ボール形に整え直してボウルに戻し、ふきんをかけてさらに45分寝かせます。

● 再びスクレイパーを使って、軽く粉を振った作業台の上に生地を出し、2等分してそれぞれをボールにし、作業台の上でふきんをかけ、さらに5分寝かせます。それからボールをそれぞれ固いボールに整え直し、合わせ目を下にして、ふきんを敷いて軽く粉を振った発酵かご2つ(またはボウル2つ)に1つずつ入れ、別のふきんをかけて1時間(2倍弱に膨らむまで)寝かせてください。

● ボール形のローフを合わせ目を下にして木製ピール(または縁の平らなベーキングトレイ)に乗せ、それぞれの上面に縦横各4本の切り込みを入れて格子模様を描きます。それから余熱したオーブンの扉を開けて霧吹きで中を湿らせ、ローフを素早くベーキングストーン(またはベーキングトレイ)に移してまずそのまま5分、200℃に下げて40-45分焼いてください。焼き上がったローフはかなり色が濃く、底を指で叩くと空洞の音がします。オーブンから取り出したら金網に乗せて完全に冷ましてください。

5. 甘い生地

Sweet
「甘い」＝旋律的な；愉快な

甘い生地　137

　この生地はブリオッシュの生地と白い生地の中間であり、「ミルク生地」に分類されます。私がこの生地を好きなのは、甘すぎない一方で、チョコレートなどを入れるのに向く程度には甘いからです。また、この生地はミルクとバターが入っているので少しこってりしていますが、こってりしすぎてはいないので、この生地のパンをツナサンドやクロックムッシュを作ったり、軽くトーストしてフォアグラを乗せたりするのに使うこともできます。

この章のレシピではオーブンを250℃でなく220℃に余熱してください。

基本量の材料

牛乳（低脂肪でないもの）	250g
（または250㎖……ただし重さを計るほうが正確）	
酵母（できれば生酵母）	15g
精白強力小麦粉	500g
無塩バター（常温）	60g
グラニュー糖	40g
塩	10g
卵	大2個

作り方

- 牛乳を鍋に入れて温めて人肌にします（指を入れて温かくも冷たくも感じないくらいが適温です。電子レンジを使う場合は最大出力で1分半程度です）。

- 手で混ぜる場合は、酵母を指先で崩しながら小麦粉に加え、バターも同様に加えます。それから砂糖と塩、次に卵と牛乳を加えてください。その他はp.22-25の手順にしたがいます。ただしレシピによってはこの段階でほかの材料を加える必要があるので、事前に確認してください。

ベーコン乗せ
スライス
p.150

オレンジと
ミントのパン
p.140

パン・
ヴィエノワ
p.154

ドーナツ
p.146

スイートロール

フルーツ入り
ティーローフ
p.152

ジャックの
チョコパン
p.144

スコーン
p.156

アプリコットと
アーモンドの
タルト
p.148

オレンジとミントのパン

　このパンを作ったのは、少量のグラン・マルニエ（フランスのオレンジリキュール）を加えて作る「パンとバターのプディング、マーマレード風味」を、それまでいつも使っていたブリオッシュでなく、グラン・マルニエの香りをもっと生かす特別のパンで作ってみたくなったからです。ミントで生地に香りづけしたのは大正解でした。しかもこのパンは数日は余裕で持ちました。そこで今度はこれをトーストし、フレッシュミント入りのバターを添えてみました。するとそれがさらにおいしかったのです。それ以来、私はこのパンを朝食にトーストしてスクランブルエッグとカリカリのベーコンを乗せて食べたりもしています。私はパンとバターで作るプディングが大好きです。なんとイギリスらしい食べ物でしょう！　とはいえ、じつは私はこれによく似たものをフランスでも食べていました。パン工房で1日の終わりに、クロワッサンでもパン・オ・ショコラでも、とにかく売れ残ったパンをすべて集め、サルタナレーズンとクレーム・アングレーズと少量のアルコールとともに大きなミキサーに入れて硬めのペーストにし、2時間ほど焼いてから小さく切って砂糖を振って食べるのです。あれは驚くほどのおいしさでした！

できあがり数	大きなローフ2個
作業時間	20分
抽出時間	1時間（牛乳）
寝かせ時間	1時間
発酵時間	1時間半
焼き時間	22-32分

材料

甘い生地（p.137を参照）	基本量
フレッシュミント	1茎
オレンジの皮	大2個分
コアントロー	大さじ1
卵（1つまみの塩を加えて溶いておく）	1個
（振りかける）小麦粉	
（型に塗る）バター	

下準備

　生地の材料の牛乳をミントとともに鍋に入れ、弱火で温めてミントの香りを引き出し、火から下ろしてそのまま1時間放置します。

　オレンジの皮をコアントローに漬けます。ベーキングトレイに薄くバターを塗ります。

　p.137の手順にしたがって甘い生地を作ります。ただし牛乳はミントで香りづけした上記のものを使い、生地に手で働きかける作業（または生地をミキサーで混ぜる作業）の最後にオレンジの皮を加えてよく混ぜてください。生地をボール形に整えたら（p.25を参照）、軽く粉を振ったボウルに入れ、1時間寝かせます。

作り方

- スクレイパーの曲線の縁を使って、ごく少量の粉を振った作業台の上に生地を丁寧に出し、2等分してそれぞれをローフの形にし（p.31を参照）、薄くバターを塗ったベーキングトレイに乗せます。それから各ローフの上面に溶き卵を塗り、溶き卵が乾くのを待ってから、ローフにふきんをかけて1時間半（2倍弱に膨らみ、指で触れて弾力を感じるようになるまで）発酵させます。発酵後に再び溶き卵を薄く塗ってください。それから上面にはさみを45度の角度で当て、数箇所に切り込みを入れて余熱したオーブンに入れ、温度を210℃に下げて2分、200℃に下げて20-30分（濃いきつね色になるまで）焼きます。テーブルに出すときは、好みによりトーストしてミントバターを添えてください。

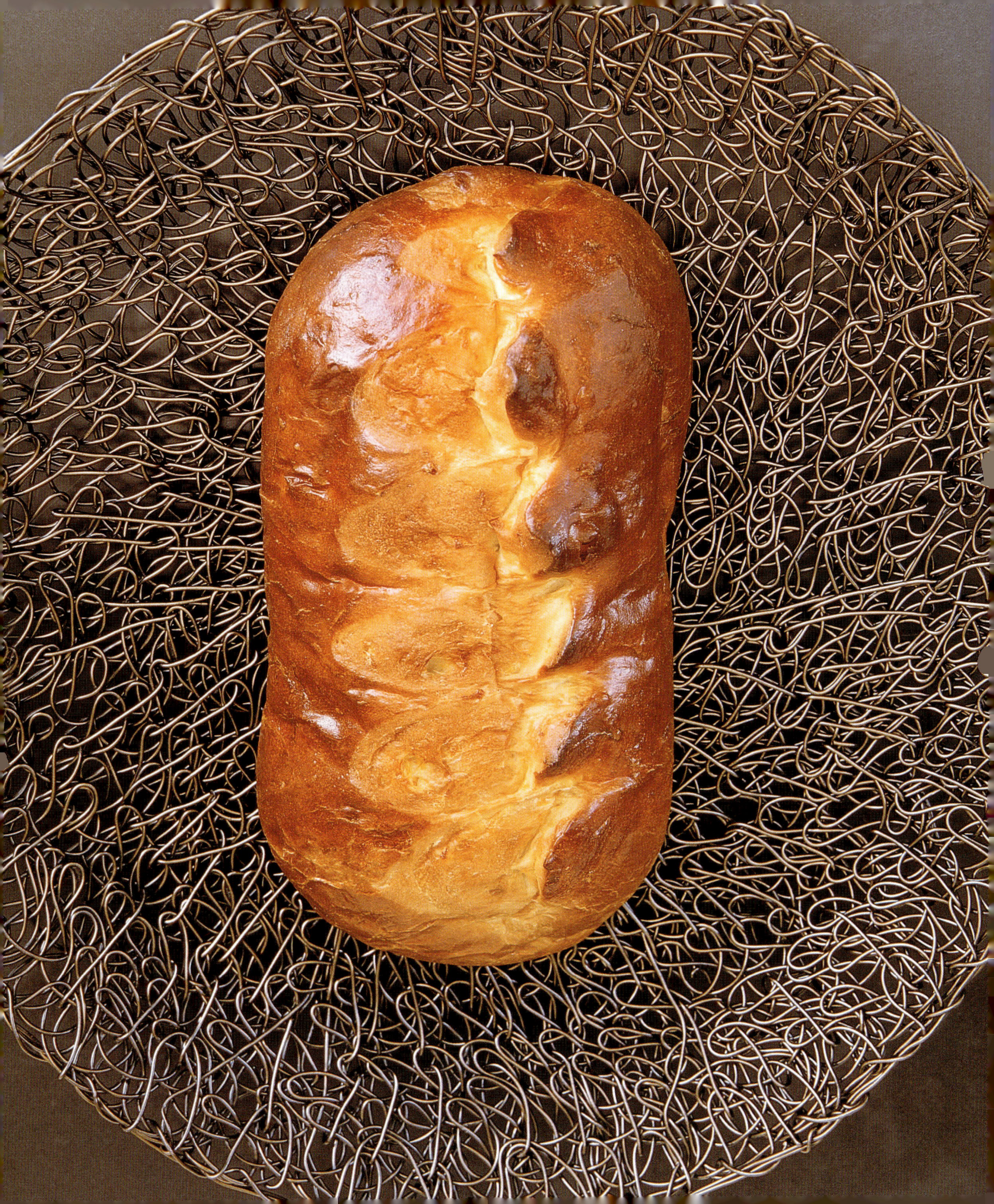

冷凍する場合：冷凍保存袋に入れて冷凍すれば、2-3ヵ月保存できます。

ミントバター

　バター約120gとミントの葉1茎分をフードプロセッサーにかけるだけです。使うまでボウルに入れて冷蔵庫で冷やしておきましょう。

パンとバターのプディング、マーマレード風味(6-8人分)

　オレンジとミントのパンまたは市販のブリオッシュを使ってください。どちらを使う場合もローフ2個分が必要です。

　オーブンを210℃に余熱します。サルタナレーズン200gをグラン・マルニエ大さじ4に漬けておき、その間にクレーム・アングレーズを作ります。クレーム・アングレーズを作るには、まず牛乳(低脂肪でないもの)1ℓをヴァニラ1莢(縦に切って豆をばらばらにする)とともに底の厚い鍋に入れて煮立たせます。それから卵黄10個をグラニュー糖150gとともにボウルに入れ、泡立て器で白っぽいムース状になるまでしっかりと泡立ててください。

　煮立てた牛乳を泡立てた卵黄に注いで泡立て器でよく混ぜます。それから鍋に戻して中火にかけ、木のスプーンで8の字を描くように混ぜながら、クレームを煮詰めてください(スプーンをクレームから出し、スプーンの背についたクレームに線を引いてみてください。線がそのまま残れば十分に煮詰まっています)。火から下ろしたらすぐに濾して清潔なボウルに入れ、さらに1分ほどかき混ぜます。これでクレーム・アングレーズのできあがりです。

　オレンジとミントのパンまたはブリオッシュを約1cmの厚さにスライスしてそれぞれにマーマレードを塗り、斜め半分に切って三角にしてください。サルタナレーズンはざるに上げますが、グラン・マルニエも捨てないでください。それから三角のパンをぴったりと重ね、直角の部分を上にして耐熱皿に入れ(パンとパンの間に隙間が空かないようにしてください)、上にサルタナレーズンを散らし、その上にクレーム・アングレーズをゆっくりと注いでパンにしみ込ませます(普通はかなり余ります。余った分は取っておいてテーブルに出すときにプディングに添えてください)。これを余熱したオーブンに入れ、20-30分(上面がきつね色になるまで)焼いてください。

　テーブルに出す直前に、グラン・マルニエを小鍋に入れて温め、火から下ろしてマッチで火をつけ、アルコールを飛ばします。プディングの上にまずこれを注ぎ、続いてふるった粉砂糖を散らしてください。生クリーム、ヴァニラアイス、残ったクレーム・アングレーズなどを添えてテーブルに出しましょう。

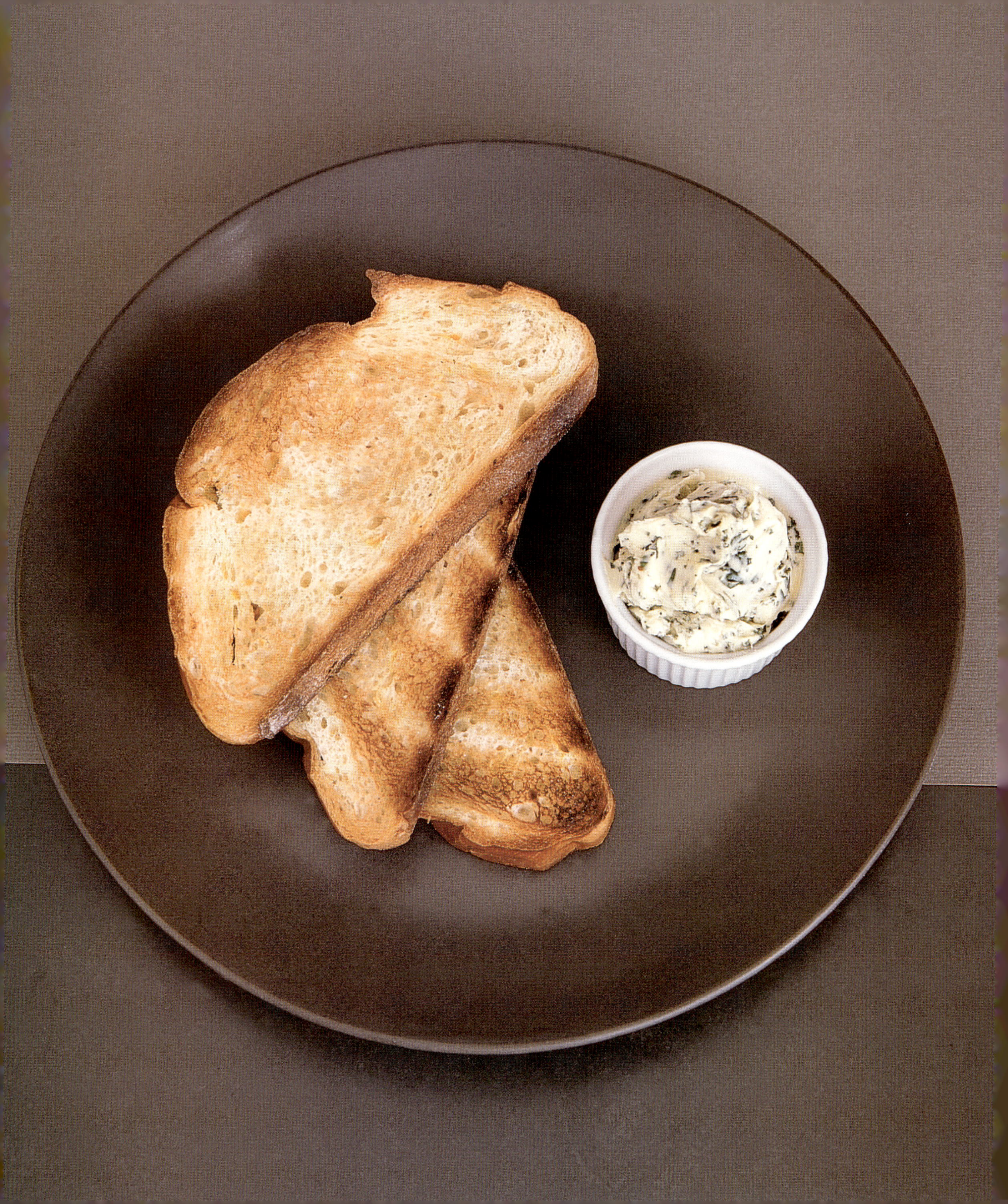

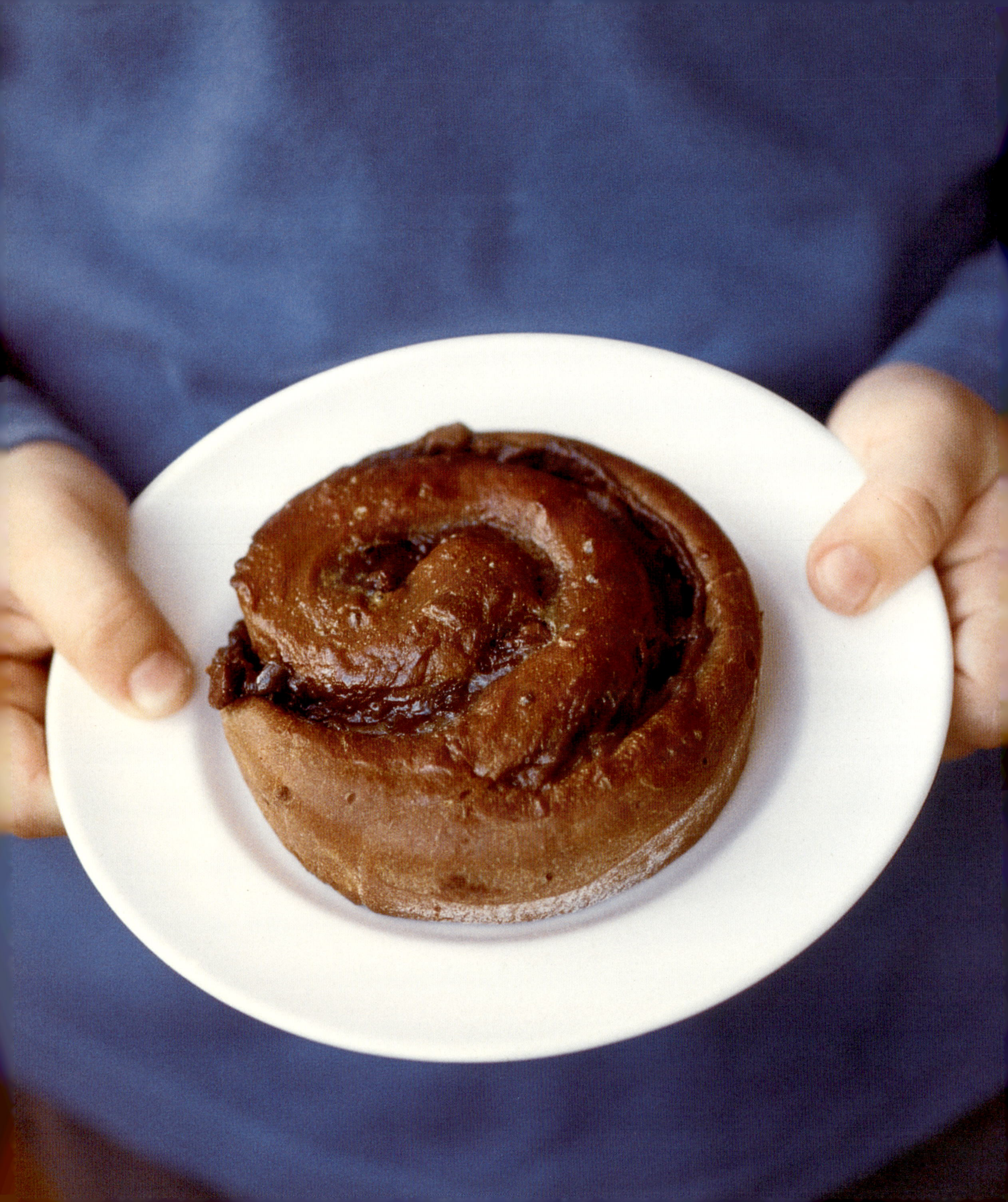

甘い生地 145

ジャックのチョコパン

　このパンは、パン・オ・レザン(フランスの伝統的な渦巻き形のレーズンパン)とチョコレートが大好きな息子のジャックに、その2つを合体させたようなパンを作ってほしいとせがまれて作ったものです。これを初めて食べたときのジャックの輝くような(しかしチョコレートだらけの)笑顔をあなたにもお見せしたかったです。でも、このパンはかなり甘くてべたべたしているので、子どもに好きなだけ食べさせるわけにはいきません。ジャックにもたまにご褒美として1つあげるだけにしています。

できあがり数	24個
作業時間	20分
寝かせ時間	45分
発酵時間	1時間15分-1時間45分
焼き時間	12-15分

材料

甘い生地(p.137を参照)	基本量
高品質のココアパウダー	25g
チョコチップ	200g
卵(1つまみの塩を加えて溶いておく)	2個
クレーム・パティシエール(p.158を参照)	
ココアパウダー	15g

下準備

　p.137の手順にしたがって甘い生地を作ります。ただし卵と牛乳を加えるときにココアパウダー25gも加えてください。生地をボール形に整えたら(P.25を参照)ふきんをかけ、風のない場所で45分寝かせます。

　p.158のレシピにしたがってクレーム・パティシエールを作ります。ただし使う牛乳に事前に15gのココアパウダーを加えておいてください。できたら皿に移して冷まします。

作り方

● 軽く粉を振った作業台の上に、スクレイパーの曲線の縁を使って生地を出し、めん棒を使って長方形に延ばします。生地の表面にチョコレート・クレーム・パティシエールを均一に塗り、その上にチョコチップを散らしてください。それから生地を長方形の長いほうの辺からロールケーキのように巻き上げ、よく切れるナイフで2cm幅に切り分けます。これらを切り口を上にしてベーキングトレイに並べ、溶き卵を塗って1時間15分-1時間45分(2倍弱に膨らむまで)発酵させます。

● 再び溶き卵を塗り、余熱したオーブンに入れて温度を180℃に下げ、12-15分焼きます。チョコレートの入った生地は色が濃いので焼け具合の判断が難しいかもしれません。ですから、生焼けにならないよう、オーブンから取り出す前に、1つをそっとへらで持ち上げ、底が硬くなっているかを確認するといいでしょう。

冷凍する場合：このパンは全部を一度に焼かずに一部を冷凍することもできます。生地を切り分けたら発酵させる前に小さめのトレイに並べて冷凍庫に入れてください。生地が硬めなら冷凍保存袋を利用するといいでしょう。食べるときは冷凍庫から取り出して1晩放置して発酵させてから通常通りに焼いてください。

ドーナツ

　このドーナツは危険です！ 決して1人で家にいるときに作ってはいけません。そんなことをしたら、よほど意志が強くないかぎり、作った分を1人で全部食べてしまうでしょう。でも、「わたしは大丈夫」という人は、このドーナツは、仕上げの砂糖さえかけずにおけば、冷蔵庫で2-3日は保存できます。わが家では私がこれを作ると、全部がたちまち魔法のように消えてしまいます。でも誰に聞いても「知らないよ」と言うのです。
　ドーナツ(フランスでは「ベニエ」と言います)は昔からの定番おやつですが、私は油っこいものは嫌いです。またアイシングのついたものもあまり好きではありません。それはきっと、子どものころ祖母がご褒美に作ってくれたベニエが忘れられないからでしょう。今でも大きな鍋から顔を覗かせた祖母のベニエが目に浮かびます(私はそれを指でつついてよく叱られました)。1つ目が揚がったときのおいしそうなにおいも、砂糖が振られたときや、ジャムやりんごのピューレが添えられたときの幸せな気持ちも決して忘れることはないでしょう。そう、その食べ方こそ、今も私が一番好きなドーナツの食べ方なのです。

できあがり数	30個
作業時間	20分
寝かせ時間	1時間
発酵時間	45分
揚げる時間	15分

材料

1時間寝かせた甘い生地(p.137を参照)	基本量
揚げ油(高品質のピーナツオイルなど)	500g
グラニュー糖	少々

フィリング

りんごのコンポート(p.158を参照)、ラズベリージャム、
クレーム・パティシエール(p.158を参照)
(振りかける)小麦粉
(トレイに塗る)油

作り方

● 軽く粉を振った作業台の上に、スクレイパーの曲線の縁を使って生地を出し、30gずつに分けてそれぞれを固いボールにします(p.28-29を参照)。それからベーキングトレイに薄く油を塗って軽く粉を振り、その上にボール(ドーナツ)を(合わせ目を下にして)、膨らんだときにくっつかないように十分な間隔を空けて並べ、ふきんをかけて約45分(2倍弱に膨らむまで)発酵させます。

● 直径20cm以上の深鍋に油を入れて中火にかけ、油が熱くなったら(適温の180℃になるまでに約15分かかります)、フライ返しを使って静かに1つ目のドーナツを入れます(入れたとたんにジュージュー音がするはずです)。続いて2つ目以降のドーナツを鍋がいっぱいになるまで入れてください(私が一度に揚げるのはいつも5個までです)。そしてドーナツの片面が軽く色づくまで30-45秒、ひっくり返して反対の面も色づくまでさらに30-45秒揚げます。フライ返しを使ってドーナツを油から上げたら、数枚重ねたキッチンペーパーの上で油を切って冷ましてください。

● プレーンの場合は食べる前にグラニュー糖の上で転がすだけです。フィリング入りの場合は好みのフィリングをスプーンで口金をつけた絞り出し袋に入れ、口金をドーナツの片面に差し込んで絞り出してください。絞り出すフィリングの量はお好みしだいです！

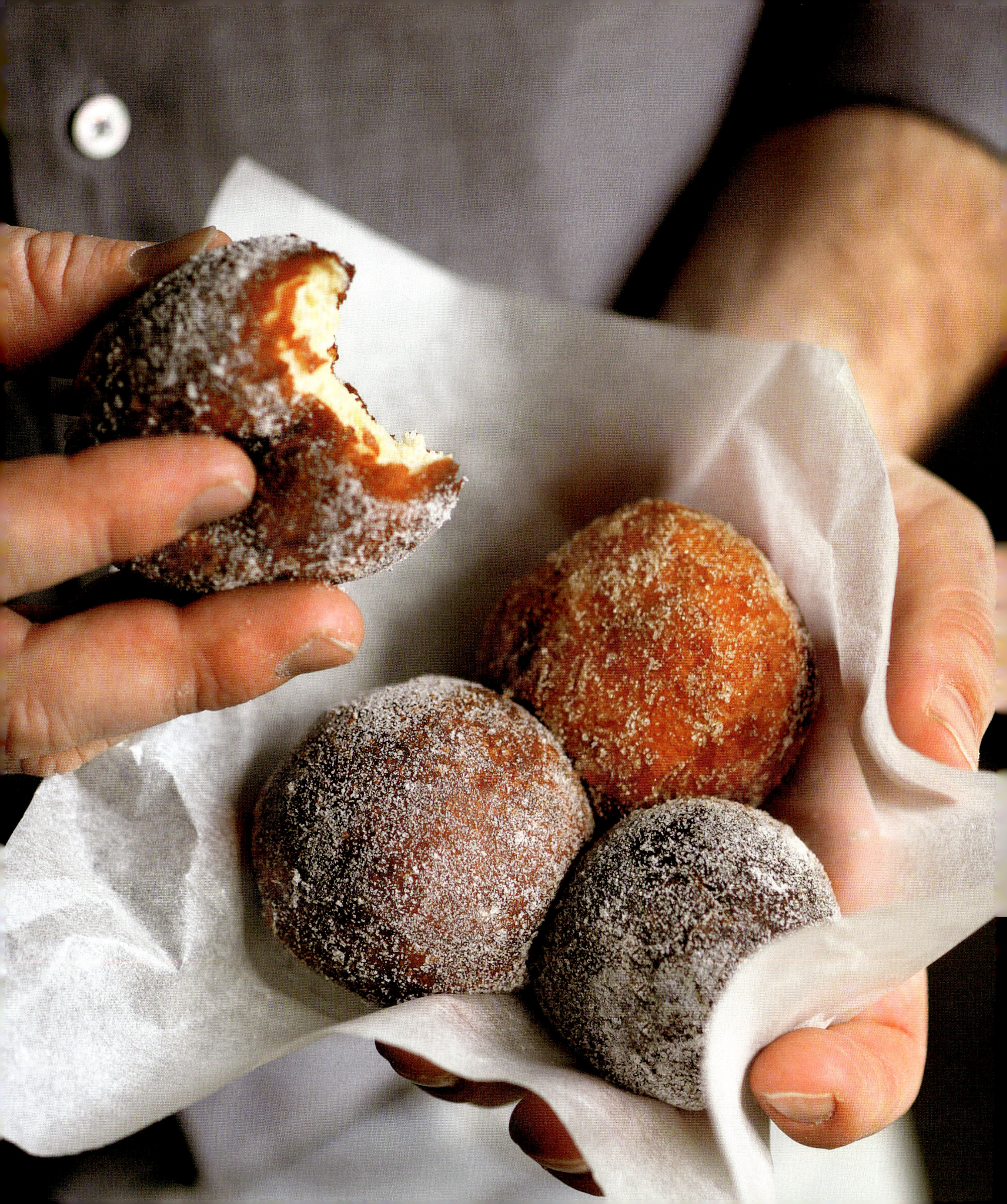

アプリコットとアーモンドのタルト

　「パンの本にタルト?」と不思議に思われるでしょうか？　でもこのタルトは祖母が昔、甘い生地にミラベルやグズベリーなどのフルーツを乗せて焼いてくれたタルトをヒントにしたものなのです。祖母はタルトにフルーツを乗せてから、そのまましばらく放っておきました。そうするとフルーツの周りがよい具合に膨らむので、焼いたときに出た果汁が生地によくしみ込むのです。私たちはそれによく砂糖を振って食べました。なんと豪華なおやつだったのでしょう！　このタルトはそれにもう少し手を加えたもので、クレーム・ダマンドを使っています。甘い生地をたくさん作ったら、その一部でこのタルトを、残りでドーナツを作ってみてください。それだけであなたは間違いなくみんなの人気者です！

できあがり数……………………………………2個
作業時間………………………………………20分
寝かせ時間……………………………………95分
発酵時間………………………………………45分
焼き時間……………………………………20-25分

材料
1時間寝かせた甘い生地(p.137を参照)………基本量
クレーム・ダマンド(p.158を参照)……………300g
生の熟したアプリコット(またはプラム)………12-15個
卵(1つまみの塩を加えて溶いておく)……………1個
(振りかける)小麦粉
(仕上げ用の)粉砂糖またはアプリコットジャム

作り方

- 軽く粉を振った作業台の上に、スクレイパーの曲線の縁を使って生地を出し、2等分してそれぞれをボール形に整え(p.25を参照)、粉を振ったボウルに入れてふきんをかけ、20分寝かせます。

- ベーキングトレイ2枚に油を塗るかクッキングペーパーを敷きます。それから2つの生地をそれぞれ延ばして直径25-30cmの円形にし、ベーキングトレイに乗せてさらに15分寝かせます。

- アプリコット(またはプラム)をそれぞれ4等分します。それからクレーム・ダマンドを生地の上に延ばします。中心から延ばして縁の手前2.5cmくらいのところで止めるようにしてください。続いてその上に4等分したフルーツをできるだけきれいに(きっちり詰めて)並べ、45分(膨らんで縁の部分が2倍くらいの厚みになるまで)発酵させてください。

- 溶き卵を生地の縁に塗ります。それから余熱したオーブンを200℃に下げ、フルーツの端の部分が少し焦げて生地がきつね色になるまで焼いてください(表面の色の変わり方が速すぎるようなら温度を190℃に下げてください)。たいてい20-25分かかります。テーブルに出す直前に、粉砂糖を少し振るか、鍋に入れて温めたアプリコットジャムを塗ってください。

バリエーション：りんごのタルト
　上記のタルトと作り方は基本的に同じですが、クレーム・ダマンドにりんごのコンポート(p.158を参照)適量とカルヴァドス(フランスのノルマンディーで作られるりんごのブランデー)をごく少量混ぜておき、アプリコットの代わりにスライスしたコックスりんご(イギリス産の甘みも酸味も強いりんご)を使います。

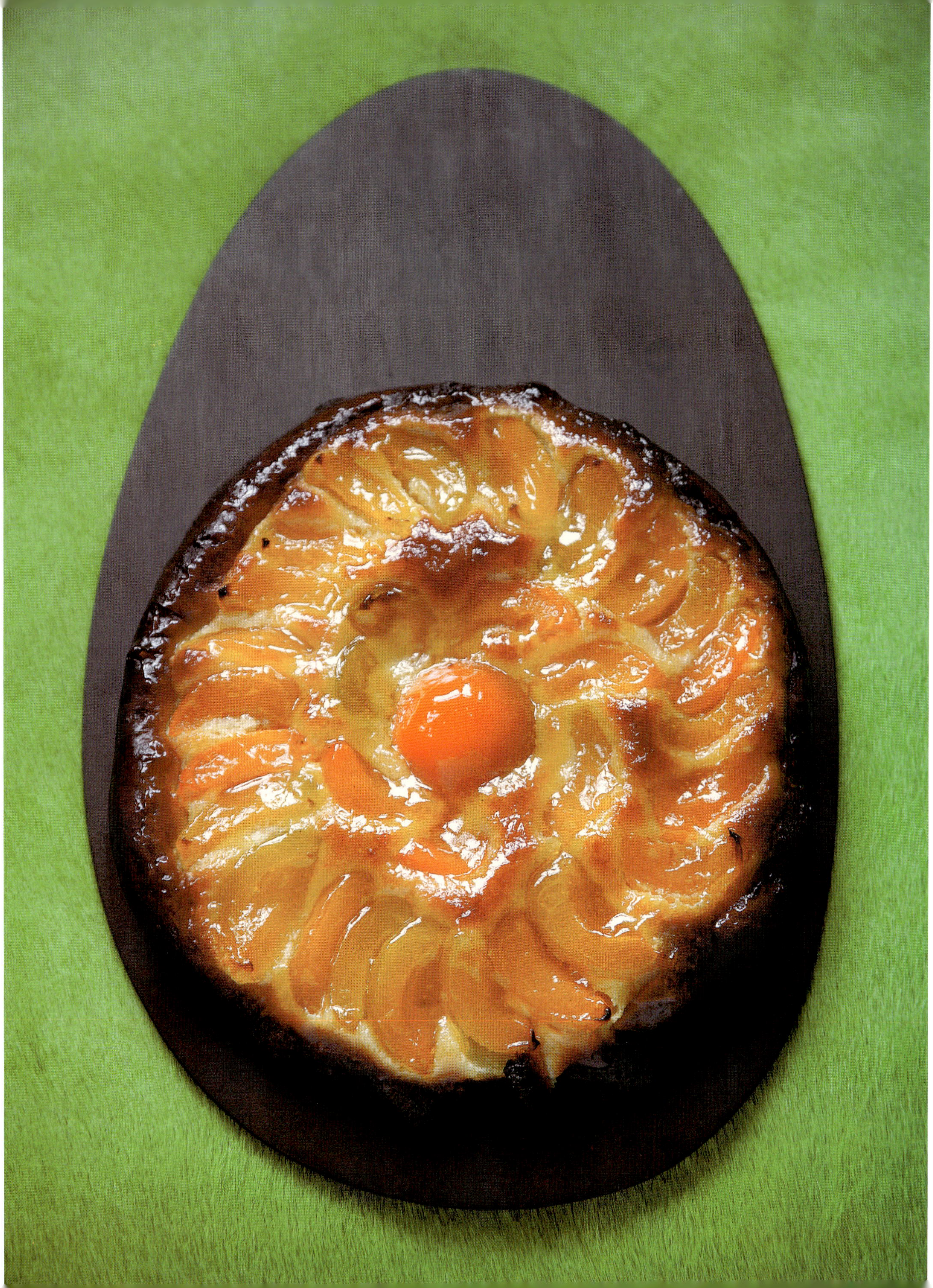

ベーコン乗せスライス

　ベーコンが食べたいときは、ほかのどんなものでも満足できません。フランスのパン屋で見習いをしていたころ、ときどき無性にフランスの定番ベーコンであるラードン(脂の多い細切りベーコン)とベシャメルを使ったクロックムッシュが食べたくなりました。そしてそんなときはよく、甘い生地にラードンとベシャメルを乗せ、発酵させて焼いて食べたものです。その「クロックムッシュもどき」のおいしかったこと！　そのレシピがこれです。

できあがり数	6個
作業時間	20分
寝かせ時間	1時間
発酵時間	45分
焼き時間	15分

材 料

1時間寝かせた甘い生地(p.137を参照)......基本量の1/2
ベシャメルソース......200g(200mℓ)
高品質のオーガニックベーコン......1パック
卵(1つまみの塩を加えて溶いておく)......中1個
グリュイエールチーズ
　(またはエメンタールチーズ)(おろす)......100g
(振りかける)小麦粉

作り方

- 軽く粉を振った作業台の上に、スクレイパーの曲線の縁を使って生地を出し、ボール形に整えてから(p.25を参照)5mm厚さに延ばし、12cm四方の正方形6個に切り分けます。それから各生地の中央にベシャメルソースを大さじ1乗せ、向かい合う2角を折って中央で合わせ、上にベーコンを乗せてください。続いてそれらをベーキングトレイに並べてクッキングペーパーで覆い、さらにふきんで覆って45分発酵させます。
- 生地の見えている部分に溶き卵を塗ってチーズを振りかけます。それから生地を余熱したオーブンに入れ、温度を200℃に下げて約15分(濃いきつね色になるまで)焼いてください。焼けたら温かいうちにいただきます。

ベシャメルソース

　無塩バター25gを底の厚い鍋に入れて中火にかけます。すべて溶けて静かに泡が出始めたら一度火を切り、小麦粉20gを加えて泡立て器でよく混ぜます。バターと小麦粉がペースト状になって鍋底からきれいに剥がれるようになったら、牛乳(低脂肪でないもの)150g(150mℓ)を少しずつ加えながら、だまができないように引き続き泡立て器でしっかりと混ぜてください。牛乳の全量が加わってなめらかなソースになったら、弱火から中火にかけ、泡が出始めてから1分待って火を止めます。これに海塩と挽きたての黒こしょうと挽きたてのナツメグ少々で味をつけ、そのまま冷ましてください。できあがり量は200g(200mℓ)ほどになるはずです。もっとこってりとしているのが好みなら、おろしチーズ(チェダーかグリュイエールが最適)24-45gを火を止める直前に加え、完全に溶かしてください。

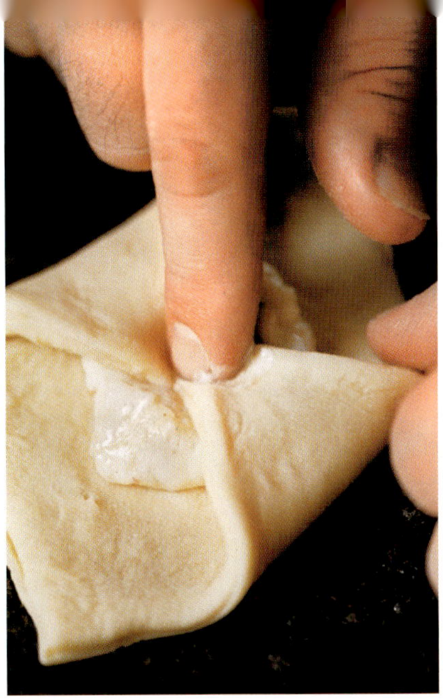

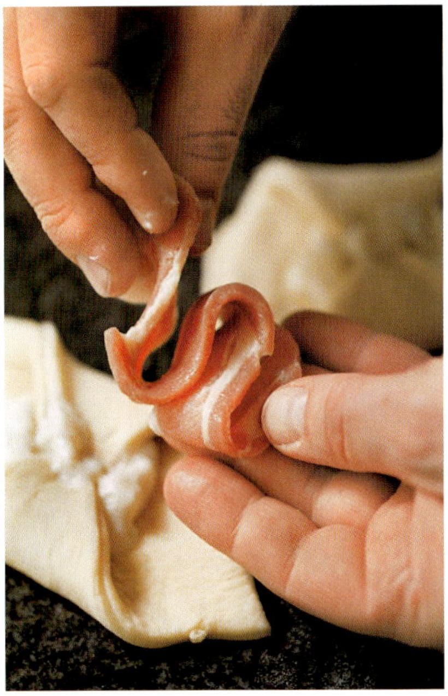

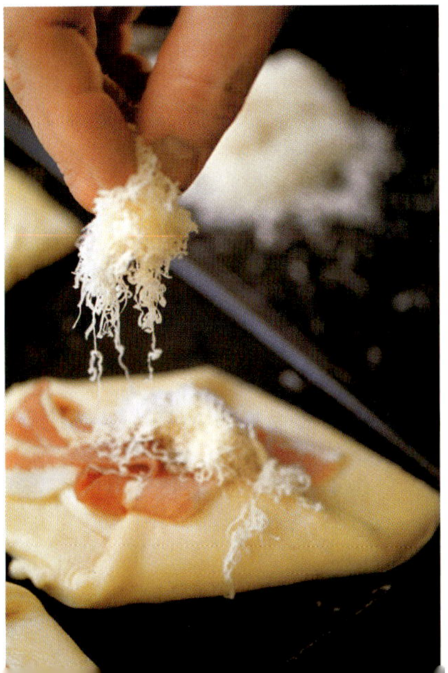

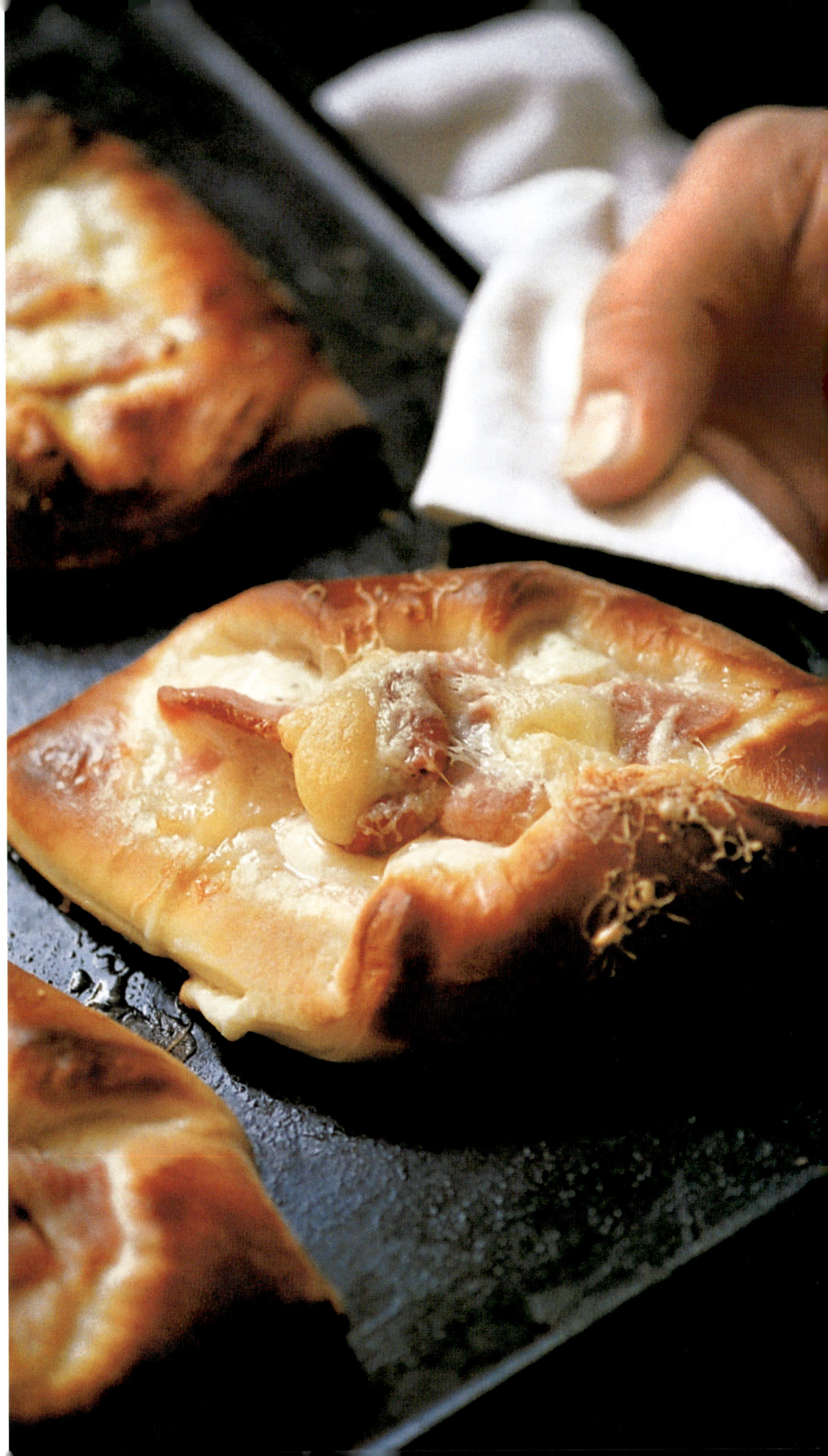

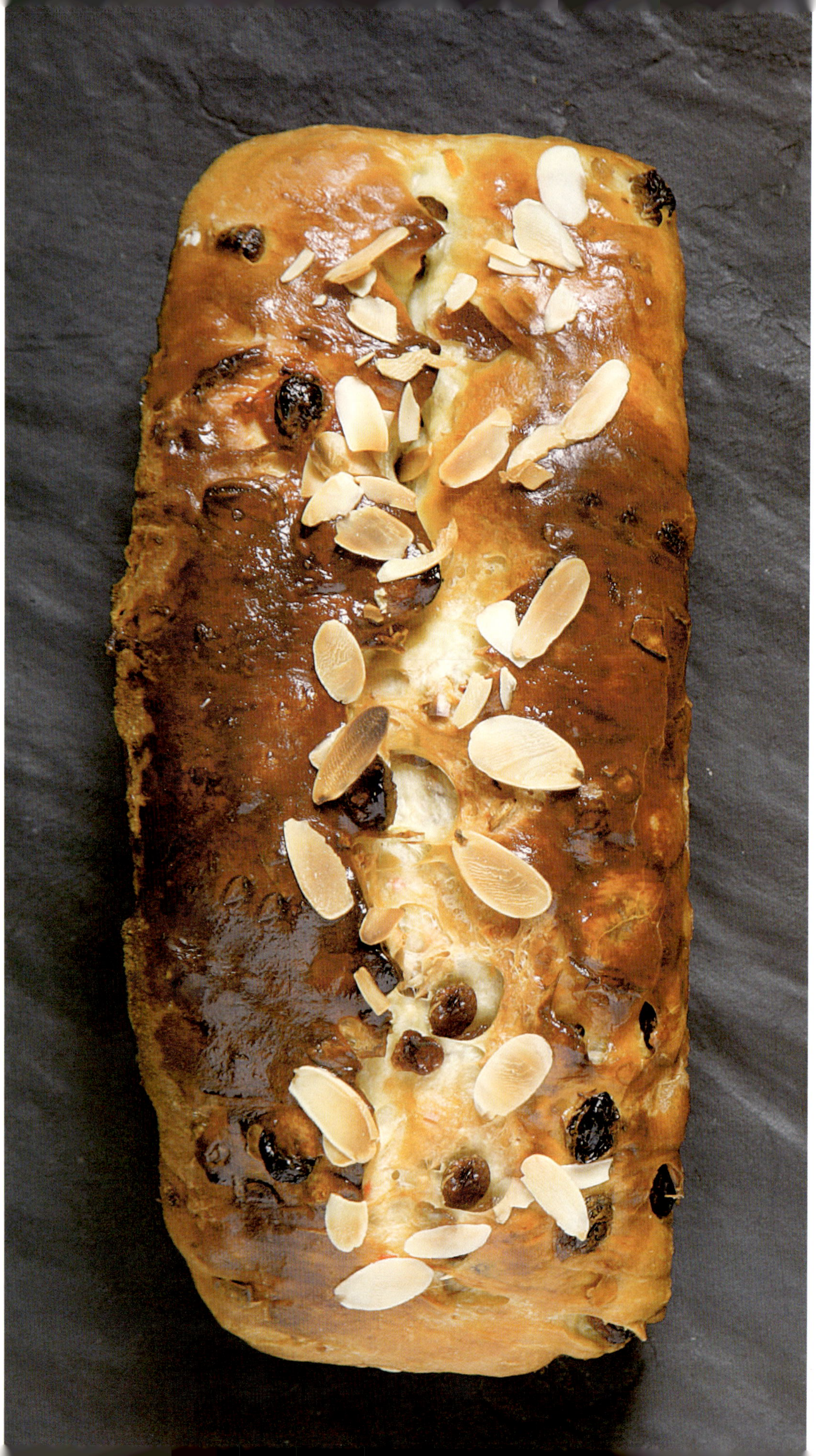

フルーツ入りティーローフ

伝統的な「ティーブレッド」(ティータイムに食べる甘いパン)はこってりとして重すぎることが多いのですが、これは軽くてあっさりしています。トーストしてフルーツコンポートや生クリームを添えると抜群のおいしさです。

できあがり数	ローフ3個
作業時間	30分
寝かせ時間	65分
発酵時間	1時間半
焼き時間	25-30分

材料

甘い生地(p.137を参照)	基本量
ドレンチェリー(チェリーの砂糖漬け)(それぞれを4等分する)	150g
ミックスピール(複数のフルーツの皮をミックスしたもの)	50g
(またはレモン大2個とオレンジ大2個の皮をすりおろす)	
ラム酒	大さじ3弱
アーモンドフレーク	125g+トッピング用
サルタナレーズン	150g
卵(1つまみの塩を加えて溶いておく)	中1個
(振りかける)小麦粉	

下準備

500gサイズのローフ型(長さ20-22cm)3個にバターを塗ります。

チェリーとミックスピール(またはレモンとオレンジの皮)をラム酒に1晩漬けます。

アーモンドをベーキングトレイに広げ、グリルかオーブンでときどき上下を返しながらきつね色になるまでローストして冷まします。

生地に手で働きかける作業(または生地をミキサーで混ぜる作業)の最後にフルーツ全部とアーモンドを加えて生地に均一に混ぜます。それから生地をボール形に整え(p.25を参照)、軽く粉を振ったボウルに入れて1時間寝かせます。

作り方

- 軽く粉を振った作業台の上に、スクレイパーの曲線の縁を使って生地を出し、3等分してそれぞれをボールにし、さらに5分寝かせます。
- 各ボールをローフにし(p.31を参照)、型に入れて上面に溶き卵を塗り、ふきんをかけて1時間半(2倍弱に膨らむまで)発酵させます。
- 各ローフの上面に再び溶き卵を塗り、かみそりの刃(またはよく切れるナイフ)で縦に1本の切り込みを入れ、アーモンドを散らします。それから余熱したオーブンで25-30分(外皮が濃いきつね色になるまで)焼き、型から出して側面と底面もきつね色になっているか確認してください。なっていれば焼き上がりです。なっていなければ型から出したまま再びオーブンに入れ、さらに数分焼いてください。焼き上がったら金網に乗せて冷まします。

パン・ヴィエノワ

　この生地はフランスの一部の地方ではブリオッシュの生地代わりに使われています。ここで紹介するレシピは私が教室でいつも教えているもので、とても簡単で人気があります。私は子どものころ、この生地のバゲットを朝食やおやつによく食べていました（ちなみに私たちはおやつのことを「ル・キャトルウール」（「お三時」ならぬ「お四時」の意）と呼んでいました）。学校から帰ってバゲットを半分に切ると、プーランのチョコレートバーが入っていたものです。プーランのチョコレートバーは包み紙に仔馬の絵が描かれた、子どもたちの誰もが食べていたチョコレートです。この生地は型に入れて焼けばクロックムッシュに使うこともできます。

できあがり数............バゲット5個またはロール15個
作業時間..20分
寝かせ時間...1時間
発酵時間...1時間
焼き時間..8-12分

材料

1時間寝かせた甘い生地(p.137を参照) ....基本量
卵（1つまみの塩を加えて溶いておく） 中1個
（振りかける）小麦粉

作り方

　軽く粉を振った作業台の上に、スクレイパーの曲線の縁を使って生地を出し、バゲットにするなら5等分、ロールにするなら15等分します。

バゲット

- 切り分けた各生地を手で押し延ばして長方形にし、p.56の手順にしたがって折ったり押したり転がしたりしてバゲット形に整え、トレイに間隔を空けて並べます。それからそれぞれの上面に溶き卵を塗り、かみそりの刃（またはよく切れるナイフ）で斜めに深めの切り込みをたくさん入れます。
- 1時間発酵させてから、余熱したオーブンで10-12分（濃いきつね色になるまで）焼きます。

ロール（スイートロール）

- 切り分けた各生地をロールにします(p.30を参照)。
- ロールをベーキングトレイに間隔を空けて並べます。
- 各ロールに溶き卵を塗り、ナイフ（かはさみ）で上面に深さ約5mmの十字の切り込みを入れます。
- 1時間発酵させてから余熱したオーブンで8-10分（濃いきつね色になるまで）焼きます。

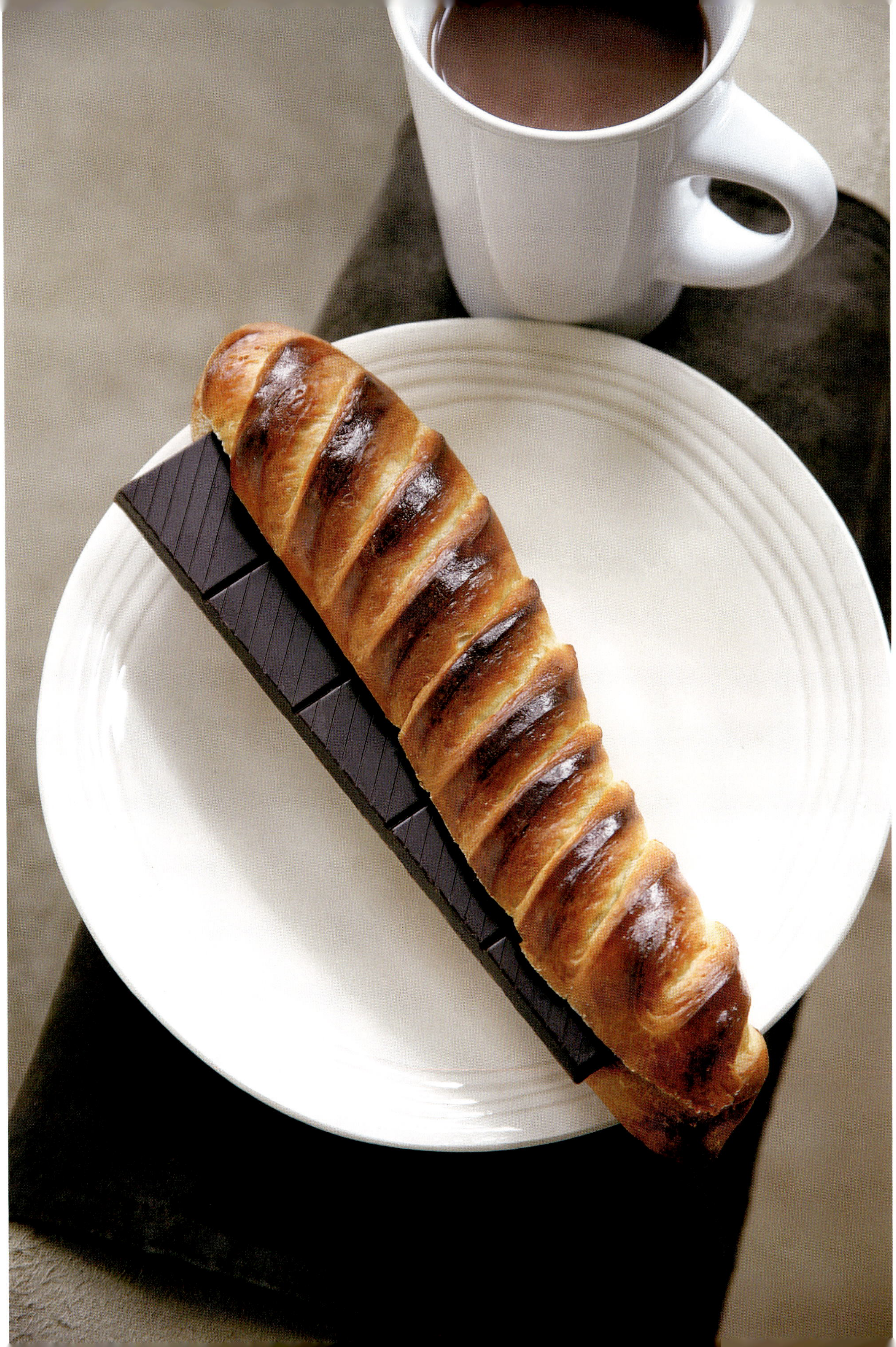

スコーン

　私はみなさんからよく、私流のスコーンのレシピはないかと聞かれます。答えはイエス。私のスコーンのレシピは、イギリスにやってきてすぐに試して以来、私の一番好きな「イギリス風レシピ」の座を保っています。これまでずっと生地の話をしてきたので、ここでも生地について言うなら、このスコーンは伝統的なクリームスコーンのアレンジなので、生地に生クリームを使っています。それから、私はスコーンを丸くでなく四角く作るのが好きです。

できあがり数	12-15個
作業時間	20分
寝かせ時間	15分
焼き時間	20分

材 料

有塩バター	150g
小麦粉	600g
グラニュー糖	150g
ベーキングパウダー	40g
サルタナレーズン	280g
生クリーム	190g
牛乳	190g (190㎖)
卵(1つまみの塩を加えて溶いておく)	2個
(振りかける)小麦粉	

下準備

オーブンを220℃に余熱します。

作り方

● ミキシングボウルに小麦粉を入れ、その中にバターをこすりながら加えます。続いて砂糖とベーキングパウダーも加え、さらにレーズンを加えてよく混ぜます。

● 上記の生地の中に生クリームと牛乳を加え、すべての材料がまとまるまでスクレイパーでよく混ぜます。それから作業台に軽く粉を振って生地を出し、押しつぶして半分に折り、再び押しつぶして別の向きに半分に折ります。これを繰り返して生地を正方形にしてください。それから生地の上面と下面に粉を振り、ふきんをかけて涼しい場所で15分ほど寝かせます。

● 作業台に軽く粉を振り、生地を2.5-3cmの厚さに延ばします。それから生地についた余分な粉を払い、よく切れるナイフで約6cm四方の正方形に切り分けます。

● 切り分けた生地をベーキングトレイに少し間隔を空けて並べます。切り分けたときに残った端の部分も集めて延ばし、生地をすべて使うようにしてください。

● 生地に溶き卵を塗り、2分置いて再び塗ります。それから生地を余熱したオーブンに入れ、温度を200℃に下げて約20分(よく膨らみ、上下がきつね色になるまで)焼いてください。

追加レシピ

りんごのコンポート

調理用りんご大2個の皮を剥いて芯を取ります。バター大さじ2強を鍋に入れて溶かし、砂糖大さじ1とシナモン少々を加えます。次にりんごを加えて鍋を揺すってバターをからませ、1分ほど中火で煮て弱火にし、好みによりカラバドスかブランデー大さじ1を加えてよくかき混ぜます。それから鍋に蓋をし、弱火で10-15分(りんごが軟らかくなるまで)煮て火から下ろし、少し冷ましてからハンドブレンダーを使ってなめらかにし、完全に冷まします。

クレーム・パティシエール

卵黄6個、グラニュー糖70g、ふるった小麦粉50gをボウルに入れて泡立て器で混ぜます。それからグラニュー糖70g、牛乳(低脂肪でないもの)500g(500ml)、縦に切ったヴァニラ1莢を鍋に入れて弱火にかけ、泡が出始めたら火から下ろします。この牛乳ミックスの1/3を最初の卵ミックスに加えて泡立て器で混ぜ、続いて残りの2/3も加えてさらに混ぜてください。これを鍋に戻して再び火にかけ、煮立ったらさらに2-3分、焦げつかないようかき混ぜながら弱火で煮ます。火から下ろしたら皿に移して冷まし、少量の粉砂糖かバターを散らして表面に膜ができるのを防ぎます。

クレーム・ダマンド

常温のバター125gをグラニュー糖125gとともに泡立て器またはフードプロセッサーで白っぽくふんわりとなるまで攪拌します。それからアーモンドパウダー125g、小麦粉25gを順に加えながらさらに混ぜ、卵2個を1個ずつ加え、好みでラム酒大さじ3弱も加えてよく混ぜます。すぐに使わない場合は密閉容器に入れておけば冷蔵庫で約1週間保存できます。

本書で使用している道具・材料の販売元

ベーコン

Duchy Originals
http://duchyoriginals.com

パン作りの道具

The Bertinet Kitchen
http://www.thebertinetkitchen.com

シードル

Burrow Hill Cider
http://www.ciderbrandy.co.uk

小麦粉

Sipton Mill
http://www.shipton-mill.com
または
Waitrose
http://www.waitrose.com/
(Leckford Strong White organic flour、Canadian Bread Flour)

ハーブとスパイス

Seasoned Pioneers
http://www.seasonedpioneers.co.uk

油

上質のエキストラバージンオリーブオイルであればどこの製品でもよいのですが、私はBelazu (http://www.mybelazu.com) のものがとくに好きです。
アボカドオイルはOlivado Gourmet Foods (http://www.olivado.com)。

生酵母

パン屋で売ってくれるかもしれないので尋ねてみてください。自然食品店などで扱っていることもあります。
私のThe Bertinet Kitchen (http://www.thebertinetkitchen.com) でも500gブロックと42gの8パック入りのメール注文を受け付けています(英国内からの注文のみ)。

索引

あ

アニス
  アニスとギネスのパン 119, 130
  ごまとアニスのスティックパン 48
アプリコット
  アプリコットとアーモンドのタルト 139, 148
  アプリコットとオートミールのパン 94, 96
アボカドオイル 68, 88, 90
甘い生地
  アプリコットとアーモンドのタルト 148
  オレンジとミントのパン 140
  ジャックのチョコパン 145
  スコーン 156
  作り方 137
  ドーナツ 146
  パンの種類 138, 139
  パン・ヴィエノワ 154
  フルーツ入りティーローフ 153
  ベーコン乗せスライス 150
アーモンド
  アプリコットとアーモンドのタルト 139, 148
  クレーム・ダマンド 157, 158
エシャロット
  レーズンとヘーゼルナッツとエシャロットのパン 94, 110
エピ 34, 57
オリーブ
  オリーブとハーブとペコリーノのスティックパン 50
  オリーブのチャバッタ 91
  オリーブペースト 44, 120
  パンチェッタとミックスオリーブのパン 71, 86, 87
  ひとくちパン 44
  ペストとオリーブとペパーデューのフォカッチャ 72
オリーブの生地
  岩塩とローズマリーのフォカッチャ 72
  スープボウル 78
  チャバッタ 88-91
  作り方 69
  トマトとにんにくとバジルのパン 74, 75
  パルメザンとパルマハムと松の実のパン 80, 81
  パンチェッタとミックスオリーブのパン 86, 87
  パンの種類 70, 71
  ピザ 84
  フラットブレッド 83
オリーブパン 119, 122
折る 14
オレンジ
  オレンジとミントのパン 138, 140
  ピーカンナッツとクランベリーのパン 95, 112
オートミール
  アプリコットとオートミールのパン 94, 96
オーブンを余熱する 20

か

かみそりの刃 11

索引

カラーチャート 16
カルダモンとプルーンのパン 95, 101
岩塩とローズマリーのフォカッチャ 71, 72
生地に働きかける 14, 23-26
キャラウェイ
　ライ麦とキャラウェイとレーズンのパン 118, 124
霧吹き 11
ギネス
　アニスとギネスのパン 119, 130
生地
　甘い生地 136-156
　一部を取っておく 26, 54
　親生地 20
　オリーブの生地 68-91
　こねる 14, 24
　白い生地 32-66
　小さなボールの成形 28, 29
　茶色い生地 92-115
　作るテクニック 20-23
　寝かせる 14, 26
　働きかける 14, 23-26
　ライ生地 116-135
　ローフの成形 31
　ロールの成形 30
生地用の羽根 26
クミン
　グリュイエールチーズとクミンのパン 35, 58
　サフランロール 34, 63
クランベリー
　ピーカンナッツとクランベリーのパン 95, 112
くるみ
　くるみパン 119, 120
　ひとくちパン 44
クレーム・ダマンド 158
クレーム・パティシエール 158
グリュイエールチーズとクミンのパン 35, 58
けしの実の星形パン 94, 107
酵母
　こすり入れる 22
こねる 14, 24
小麦粉 12
ごま
　ごまとアニスのスティックパン 48
　ごまの三つ編みパン 94, 104

さ

作業台 23, 25
サフランロール 34, 63
サマセットシードルのパン 118, 129
サマープディング 66
サワー種のパン 132
材料 12
　材料を計量する 20
雑穀パン 95, 108
塩 12
食品添加物 7
白い生地
　エピ 57
　オリーブとハーブとペコリーノのスティックパン 50
　グリュイエールチーズとクミンのパン 58
　ごまとアニスのスティックパン 48

サフランロール 63
材料 33
作り方 33
バゲット 54-57
パフボール 40-43
パン・ド・ミー 64-67
パンの種類 34, 35
パン・ファソン・ボーケール 60
ひとくちパン 44
普段のローフ 64-67
フーガス 36-39
モロッコ風スパイシーロール 53
レイヤードロール 46
レモンロール 47
ジャックのチョコパン 139, 145
シードル
　サマセット・シードルのパン 118, 129
スイートロール 138, 154
スコーン 139, 156
スティックパン 34
　オリーブとハーブとペコリーノのスティックパン 50
　ごまとアニスのスティックパン 48
スモークベーコンと紫玉ねぎのパン 119, 127
スライスされた白いローフ 8
スープボウル 70, 78
全粒粉100%のパン 95, 114

た

タイマー 11
大量生産のパンの材料 18
玉ねぎ
　スモークベーコンと紫玉ねぎのパン 119, 127
タルト
　アプリコットとアーモンドのタルト 139, 148
小さなパン 31
茶色い生地
　アプリコットとオートミールのパン 96
　カルダモンとプルーンのパン 101
　けしの実の星形パン 107
　ごまの三つ編みパン 104
　雑穀パン 108
　全粒粉100%のパン 114
　作り方 93
　はちみつとラベンダーのパン 98
　パンの種類 94, 95
　ピーカンナッツとクランベリーのパン 112
　ブラウンロール 105
　レーズンとヘーゼルナッツとエシャロットのパン 110
　わかめパン 103
チャバッタ 71, 88-91
　オリーブのチャバッタ 91
チョコレート
　ジャックのチョコパン 139, 145
　パン・ヴィエノワ 64, 85
チョーリーウッド製パン法 8
チーズ
　オリーブとハーブとペコリーノのスティックパン 50
　グリュイエールチーズとクミンのパン 35, 58
　パルメザンとパルマハムと松の実のパン 70, 80, 81

ひとくちパン 34, 44
ピザ 70, 84
手作りパンの材料 19
唐辛子
　ペストとオリーブとペパーデューのフォカッチャ 72
トマト
　オーブンドライトマト 76
　トマトとにんにくとバジルのパン 71, 74, 75
　トマトペースト 76
　ひとくちパン 44
　ピザ 70, 84, 85
道具 10, 11
ドーナツ 138, 146

な

ナッツ
　アプリコットとアーモンドのタルト 139, 148
　くるみのひとくちパン 44
　くるみパン 119, 120
　クレーム・ダマンド 157, 158
　パルメザンとパルマハムと松の実のパン 70, 80, 81
　ピーカンナッツとクランベリーのパン 95, 112
　レーズンとヘーゼルナッツとエシャロットのパン 94, 110
にんにく
　トマトとにんにくとバジルのパン 71, 74, 75
　ローストガーリック 76
寝かせる 14, 26

は

秤 10
はちみつとラベンダーのパン 94, 98
発酵させる 14
発酵種 14, 26
　サマセットシードルのパン 129
　チャバッタ 88
　パン・ド・カンパーニュ 132
ハム
　パルメザンとパルマハムと松の実のパン 70, 80, 81
バゲット
　エピ 34, 57
　生地の一部を取っておく 54
　作り方 56, 57
　定義 54
パフボール 35, 40-43
パルメザンとパルマハムと松の実のパン 70, 80, 81
パンチェッタとミックスオリーブのパン 71, 86, 87
パン・ド・カンパーニュ 118, 132
パン・ド・ミー 34, 64-67
パンとバターのプディング、マーマレード風味 142
パン・ファソン・ボーケール 35, 60
パン・ヴィエノワ 64, 154
ハーブ
　オリーブとハーブとペコリーノのスティックパン 50
　オリーブパン 122
　オリーブペースト 122

オレンジとミントのパン 138, 140
オーブンドライトマト 76
岩塩とローズマリーのフォカッチャ 71, 72
トマトとにんにくとバジルのパン 71, 74, 75
ひとくちパン 44
ピザ 70, 84
フレッシュペスト 76
ペストとオリーブとペパーデューのフォカッチャ 72
ひとくちパン 34, 44
ビガ 88
ピザ 70, 84
ピーカンナッツとクランベリーのパン 95, 112
フォカッチャ
　岩塩とローズマリーのフォカッチャ 71, 72
　ペストとオリーブとペパーデューのフォカッチャ 72
ふきん 10, 20
プラスチック製のスクレイパー 11
プルーン
　カルダモンとプルーンのパン 95, 101
プンパーニッケル 117
普段のローフ 64-67
フラットブレッド 70, 83
フルーツ
　サマープディング 66
　フルーツ入りティーローフ 139, 153
フルーツ入りティーローフ 139, 153
ブラウンロール 94, 105
ブラシ 11
フーガス 34, 36-39
ベシャメルソース 64, 150
ベーキングストーン 10
ベーコン
　スモークベーコンと紫玉ねぎのパン 119, 127

パンチェッタとミックスオリーブのパン 71, 86, 87
ベーコン乗せスライス 138, 150
ペスト
　ひとくちパン 44
　フレッシュペスト 76
　ペストとオリーブとペパーデューのフォカッチャ 72
ヘーゼルナッツ
　レーズンとヘーゼルナッツとエシャロットのパン 94, 110
ポーリッシュ
　全粒粉100%のパン 114
　ライ麦パン 135

ま
松の実
　パルメザンとパルマハムと松の実のパン 70, 80, 81
ミキシングボウル 10
水 12
ミント
　オレンジとミントのパン 138, 140
　ミントバター 142
木製ピール 11
モロッコ風スパイシーロール 35, 53

や
焼く(ベーキング) 14

ら
ライ麦とキャラウェイとレーズンのパン 118, 124
ライ麦の生地
　アニスとギネスのパン 130
　オリーブパン 122

くるみパン 120
サマセットシードルのパン 129
スモークベーコンと紫玉ねぎのパン 127
作り方 117
パン・ド・カンパーニュ 132
パンの種類 118, 119
ライ麦とキャラウェイとレーズンのパン 124
ライ麦パン 135
ライ麦パン 118, 135
ラベンダー
　はちみつとラベンダーのパン 94, 98
りんご
　りんごのコンポート 158
　りんごのタルト 148
レイヤードロール 35, 46
レモンロール 35, 47
レーズン
　ライ麦とキャラウェイとレーズンのパン 118, 124
　レーズンとヘーゼルナッツとエシャロットのパン 94, 110
ローフ
　成形 31
ロール
　サフランロール 34, 63
　スイートロール 138, 154
　成形の方法 30
　ブラウンロール 94, 105
　モロッコ風スパイシーロール 35, 53
　レイヤードロール 35, 46
　レモンロール 35, 47

わ
わかめパン 95, 103

DOUGH: Simple Contemporary Bread
DOUGH　パン生地

発　　行　2012年3月1日
発 行 者　平野 陽三
発 行 元　ガイアブックス
　　　　　〒169-0074 東京都新宿区北新宿3-14-8
　　　　　TEL.03(3366)1411　FAX.03(3366)3503
　　　　　http://www.gaiajapan.co.jp
発 売 元　産調出版株式会社

Copyright SUNCHOH SHUPPAN INC. JAPAN2012
ISBN978-4-88282-825-9 C2077

落丁本・乱丁本はお取り替えいたします。
本書を許可なく複製することは、かたくお断わりします。
Printed in Singapore

カバーデザイン：リジー・バランタイン
写真：ジーン・カザルス

著　者：リチャード・バーティネット
　　　　(Richard Bertinet)
ブルターニュとグラン・モーリン・ド・パリでパン職人として修業したのち、レストランやパブでの勤務、「ビューリ・ヴィレッジ・ベーカリー」の経営、ウィルトシャーの「シルバー・プラウ」(1990年にイーゴン・ロネイ・パブ・オブ・ザ・イヤー賞を受賞)の総料理長を経て、2000年に「ドー・カンパニー(The Dough.Co)」を立ち上げ、スーパーマーケットチェーンのためのパン開発や食品関連業へのアドバイスに携わる。2005年、バースで料理教室「バーティネット・キッチン」を始める。現在は英国中のフードフェスティバルやフードショーでデモンストレーションを行ったり、ラジオやテレビにレギュラー出演するなど活躍。本書は、ギルド・オブ・フードライターズ・ベスト・ファーストブック賞、ジュリア・チャイルド賞、IACPベストクックブック・オブ・ザ・イヤー賞、ジェームズ・ビアード財団ブック賞受賞を受賞したほか、ワールド・フード・メディア賞、アンドレ・サイモン賞、グレンフィディック・フード&ドリンク賞の最終選抜候補となった。その後の著書に『Crust』と『Cook』がある。

翻訳者：千代 美樹（せんだい みき）
青山学院大学理工学部経営工学科卒業。訳書に『シンプルな最初の一品』『世界のベストマッサージテクニック』『マッサージバイブル』(いずれも産調出版)、共訳書に『英和翻訳表現辞典 基本表現・文法編』(研究社)など。